每个青少年都应该读的

中国历史故事

吴婉绚◎著

隋唐

辽宁人民出版社

图书在版编目（CIP）数据

每个青少年都应该读的中国历史故事.隋唐 / 吴婉绚著 . — 沈阳 : 辽宁人民出版社，2019.7

ISBN 978-7-205-09493-5

Ⅰ . ①每… Ⅱ . ①吴… Ⅲ . ①中国历史—隋唐时代—青少年读物 Ⅳ . ① K209

中国版本图书馆 CIP 数据核字（2018）第 281526 号

出版发行：辽宁人民出版社
　　　　　地址：沈阳市和平区十一纬路 25 号　邮编：110003
　　　　　电话：024-23284321（邮　购）　024-23284324（发行部）
　　　　　传真：024-23284191（发行部）　024-23284304（办公室）
　　　　　http://www.lnpph.com.cn
印　　刷：北京海石通印刷有限公司
幅面尺寸：145mm×210mm
印　　张：7.5
字　　数：132 千字
出版时间：2019 年 7 月第 1 版
印刷时间：2019 年 7 月第 1 次印刷
责任编辑：赵维宁
装帧设计：末末美书
责任校对：刘再升
书　　号：ISBN 978-7-205-09493-5
定　　价：32.00 元

目录

隋：
二世而亡的悲剧重演

杨坚如何从人臣到人皇

　　杨坚原是北周的柱国大将军，但却备受君主猜疑。公元580年，宇文赟[①]病逝，新帝宇文衍年幼，导致朝政一片混乱。杨坚在朝中独揽大权，最后竟废帝自立，成了隋朝的开国皇帝，完成了从人臣到人皇的转变。

备受猜忌的仕途

　　在杨坚继承父亲的爵位时，齐王宇文宪就曾向宇文邕[②]进言说："杨坚的长相十分奇特，臣每次看到他都会觉得此人必定不凡，还希望陛下能尽快除掉他。"宇文邕原本就对杨坚有所怀疑，听宇文宪这么一说，猜忌就更重了。只是，他还没能下定决心将杨坚斩除，

---

①宇文赟：赟，yūn。宇文赟，南北朝时期北周第四位皇帝。
②宇文邕：邕，yōng。宇文邕，南北朝时期北周第三位皇帝。

于是就向畿伯下大夫来和询问意见。谁知，来和虽看出了杨坚的不凡之处，却存了私心，想给自己留条退路。他说道："杨坚此人还是可信的。要是陛下封他为将军，让他领兵攻打陈国，一定能够战无不克。"

宇文邕听了来和的话，心里还是有些不安，便又偷偷请了相士 ① 赵昭暗地里观察杨坚的面相。赵昭和杨坚友谊深厚，竟对宇文邕撒谎道："皇上无须在意，杨坚的外貌十分普通，根本没有什么富贵命，顶多只能当个大将军。"赵昭的话给宇文邕吃了定心丸，让宇文邕彻底放下了戒心。

此后，内史王轨向宇文邕进谏，说杨坚看上去有不臣之心，希望宇文邕能及时将他除去。可是此时的宇文邕早已信了赵昭的话，对王轨的劝谏不但不以为然，甚至还有些恼怒。

公元 578 年，宇文邕因病去世，皇长子宇文赟即位。杨坚接连被升为柱国大将军、大司马，女儿杨丽华也被封了皇后。然而，实际上宇文赟对杨坚却更不信任，有一次甚至还对杨皇后说："我一定要灭你满门。"并在皇宫内设下埋伏，命杀手暗中观察杨坚态度，只要杨坚有一丝无礼就直接诛杀。随后宇文赟将杨坚召进宫议政，所幸杨坚早有防范，无论宇文赟怎么挑衅，杨坚都不露破绽，自然也就躲过了杀身之祸。

---

① 相士：旧时以谈命相为职业的人。

后来，杨坚为求自保，便通过内史上大夫郑译向宇文赟透露出自己有意出蕃的消息。宇文赟那时也正想找机会把杨坚调离京城，便顺势将杨坚封为亳州总管。

杨坚任亳州总管期间，庞晃曾向杨坚提议兴兵造反。当时杨坚虽然以"时机尚未成熟"拒绝了，但他心中确确实实种下了"反周"的种子。

守得云开登帝位

宇文赟昏庸无能，日夜沉迷于享乐之中。不仅同时册立了五位皇后，还大肆兴建宫殿，滥用私刑，将整个北周朝廷搞得乌烟瘴气。公元 578 年六月，宇文赟甚至杀害了齐王宇文宪，北周王朝日益衰败。

公元 579 年二月，宇文赟下旨令长子宇文衍即位，自己则退居自称天元皇帝。由于长期纵欲过度，宇文赟的身体日渐恶化。一年后，宇文赟在天德殿因病去世，享年二十二岁。

郑译和刘昉趁机伪造诏书，让杨坚辅佐朝政。他们三人联合起来，假借外戚之名把北周的朝政牢牢握在手中。为了篡权①大计的顺利实施，杨坚还把北周的宗室"五王"宇文招、宇文纯、宇

---

①篡权：篡，cuàn。篡权，用非法手段夺取权力。

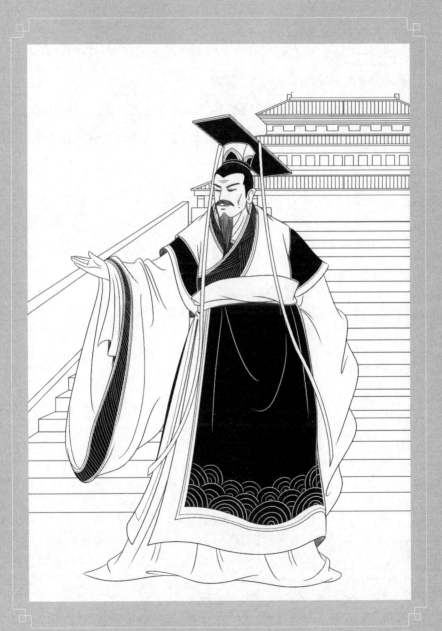

文盛、宇文达、宇文逎^①召入长安，伺机将他们还有在京的牧毕王宇文贤杀害，并铲除尉迟迥^②等异己。

公元 581 年二月，杨坚废除宇文衍，自立为王，于临光殿登基，改国号为"隋"，史称隋文帝。自此，北周灭亡，隋朝正式拉开帷幕。

---

①宇文逎：逎，yōu。宇文逎，滕闻王，拜大将军。
②尉迟迥：迥，jiǒng。尉迟迥，西魏、北周著名将领。

◈ 相关链接：

杨坚的奇异外貌

《隋书》中是这样描写杨坚外貌的："为人龙颔 [1]，额上有五柱入顶，目光外射，有文在手曰王，长上短下，沉深严重。"意思是说杨坚有着很突出的额头，额头上还有五个凸出、直插头顶的包；他的下颔长且突出，双目炯炯；观看他的手相可发现，他的掌纹呈"王"字。

这么看来，杨坚长得确实很怪。不过，这种怪长相在相术中却被称为"其贵无比"。特别是他额头上"五柱入顶"，相术中把这样的长相称为"龙犀"，有龙颜的意味。传说颛顼也是这个样子的。

---

[1] 颔：hàn。下巴。

不怕死的法官——赵绰

都说伴君如伴虎，在君主面前要时时刻刻保持小心谨慎。然而在隋朝却有这么一个法官，他执法公正，常常直言拒绝隋文帝的过度量刑，甚至不惜以死换公正执法，因而被戏称为"不怕死的法官"。

赵绰升官记

北周末期，赵绰就已经入朝为官。最开始他担任的是天官府史一职，后来由于工作勤恳、谦恭守礼，被提拔为下官府下士。

公元 581 年，杨坚听说赵绰为官清廉、公正严明，便将他聘为大理丞。赵绰果然没让人失望，他坚持秉公执法、公正廉洁，北周考核官员政绩，他一直是上上等。所以很快升任大理正；再后来，又接连升任尚书都官侍郎、刑部侍郎。杨坚为了表彰其在梁士彦等案的贡献，便赐给赵绰三百段布帛等物、十名奴婢和二十匹马。

一心执法，不怕死

赵绰一心维护法律，铁面无私，曾多次纠正隋文帝的不正确定罪。有一次刑部侍郎辛亶①穿了一件俗名叫"利于官"的绯裈②，隋文帝推崇简朴，不喜欢别人过于讲究衣着，故意说辛亶穿这件绯裈是一种巫术，并下令处死辛亶。赵绰挺身而出道："依据法律，辛亶罪不至死，恕臣无法从命。"隋文帝听了更加生气，就说："你这么维护辛亶，难道就不考虑自己吗？"便令左仆射高颎③斩了赵绰，刑官随即上朝扒了赵绰的官服。隋文帝本意只是想吓吓赵绰，便问赵绰："如何？你可还要坚持己见？"谁知赵绰却毫无惧色，坚持答道："执法一心，不敢惜死！"无奈之下，隋文帝只能放了赵绰。

后来又有一次，武侯在集市上捕获两个用劣质私铸币换优质币的人。隋文帝早就明令禁止劣质私铸币流通，这两人竟敢顶风作案，隋文帝当然不会轻饶了他们，当即便下令处死。赵绰又站

①亶：dǎn。
②裈：kūn，古代称裤子为裈。
③颎：jiǒng。

出来道："按法这两人应受杖刑，罪不至死。"隋文帝说："这跟你无关。"赵绰回复："陛下不嫌臣愚笨，委派臣在法司就职。如今皇上随意杀人，怎么与臣无关？"隋文帝勃然大怒道："朕是天子，你怎敢触犯天威？是想死吗？还不快快退下！"赵绰对此却并不害怕，不仅不肯退下，反而还向前一步，又一次把隋文帝气得拂袖而去。

如此舍身维护法律的事迹，为赵绰赢得了"不怕死的公正法官"的名号。

不计前嫌护来旷

赵绰在任大理少卿时，手下有一个叫来旷的官员。来旷其人喜欢趋炎附势，他自以为隋文帝不喜赵绰，便背着赵绰上书隋文帝，批评大理衙门的执法范围过宽。隋文帝看了奏疏①，觉得来旷写得十分客观，就升了他的职位以表奖励。

谁知来旷尝了甜头后，竟黑心地诬陷赵绰徇私枉法。隋文帝并没有相信，而是派出心腹大臣前去调查实情。这一调查，来旷的谎言不攻而破，隋文帝对来旷的诬告十分不满，要将他处以死刑，并将此案移交赵绰处理。隋文帝本以为赵绰会趁机出气，却

①奏疏：臣子向皇帝陈述意见或说明。

不想赵绰还替来旷求情："来旷虽然有罪，却罪不至死。"

　　隋文帝听了这话，气得拂袖就要转身回内宫。赵绰又在后面喊："皇上，臣还有其他事情要禀告，无关来旷。"隋文帝这才同意让赵绰跟进内宫。进了内宫后，赵绰自称犯了三条大罪："臣身为大理少卿，却不能约束好手下，致使来旷犯错，此乃第一罪；来旷罪不至死，臣却不能力保他不死，此乃第二罪；臣谎称有事要禀，欺瞒陛下，此乃第三罪。"隋文帝听了他的话摇头失笑，便同意了他的请求，免去来旷的死罪，改为削职流放。

隋朝的第一部法律——《开皇律》

《开皇律》是杨坚在公元 581 年令高颎、郑译等大臣结合魏晋时期的立法经验，依据北齐律修订而成的一部法律。其完成时间在公元 583 年，涵盖十二篇，共计五百条律例，包括杂律、盗贼律、斗讼律等。《开皇律》中第一次明确提出了轻重有序、完善规范的五刑体系（笞、杖、徒、流、死）。

《开皇律》为后世的立法提供了很好的参考，是我国历史上一部意义深重的封建制法律。

传颂千年的帝后之约

　　说起杨坚，就不得不提到另一个人，那就是杨坚的皇后——独孤伽罗。历史上对独孤皇后的评价褒贬不一，但是最广为公认的一点就是独孤皇后是一个出了名的妒后，被后人称为"千古奇妒"。

夫妻齐心度风波

　　独孤伽罗出生于公元 544 年，是秦州刺史、河内郡公独孤信的嫡女。她自幼生活在战乱不断的环境下，父亲独孤信常常奔赴战场，征战杀敌。这让幼年的独孤伽罗锻炼出了一股非比寻常的勇气和胆识，也在她心中种下了远大的志向。

　　公元 557 年，独孤信做主让独孤伽罗与故交杨忠的嫡长子杨坚结成连理。那时杨坚才踏入仕途不久，再加上又娶得美人，正是春风得意、满怀壮志之际。

　　然而天不遂人愿，一场变故打破了他们宁静的生活。就在公元556年十月，杨坚与独孤伽罗大婚之际，宇文泰骤然离世。宇文泰在临终时托付侄子宇文护辅政，在宇文护的主导下，宇文家族慢慢取代了西魏元家的政权，身居高位却偏向西魏的独孤信的地位变得岌岌可危。

　　杨坚与独孤伽罗成亲一个多月后，独孤信与宇文护的政治斗争以独孤信自尽落幕。独孤家家眷受牵连被流放至蜀地，一代权力世家独孤家族从此从权力的中心惨淡退场。与此同时，由于杨家不肯趋附于宇文护，且与独孤家又有姻亲关系，因而杨坚也受到了牵连。一时间杨坚身边危机四伏，备受猜疑。所幸政治斗争的阴影坚固了杨坚与独孤伽罗的感情，他们夫妻二人小心翼翼，恭谦守礼，齐心协力躲避来自宇文护的压迫。公元572年，宇文邕发动政变，一代权臣宇文护被铲除，杨家这才得以松口气。杨坚之女杨丽华更是被宇文邕聘为太子妃。

　　但是，好景不长。杨坚再次因其外貌奇特而备受猜忌，来自两代君主宇文邕和宇文赟的压力让杨坚又一次陷入水深火热之中。幸运的是，公元579年宇文赟暴毙，这给了杨坚与独孤伽罗一个改变命运的机会。

前所未闻的约定

公元 581 年二月，杨坚登基，并在三天后将独孤伽罗册封为皇后。然而，当了皇帝后的杨坚并不像其他皇帝一样能够随意宠幸后宫的三千佳丽。因为独孤皇后生性善妒，不仅大幅缩减后宫嫔妃数量，还不许杨坚与她们过多接触。

早在大婚之际，独孤皇后就让杨坚立下誓言：誓无异生之子。而杨坚也确实坚守了这一誓言，他的七个儿女全部都出自独孤皇后。

有一次，杨坚在后宫偶遇了尉迟迥的孙女尉迟氏。尉迟氏年轻貌美，杨坚见了不由得大为心动，便临幸了她。不想，消息很快传到了独孤皇后耳朵里。独孤皇后醋意大发，就趁着杨坚上朝之际杀了尉迟氏。等到杨坚下朝回来，所见的只是一具冷冰冰的尸体。这可把杨坚气得火冒三丈，身为皇帝，他却连临幸美人的权力都没有。一气之下，他纵马离宫而去。所幸后来在高颎和杨素二人的撮合下，这对帝后又和好如初，而独孤皇后也因此留下了"千古奇妒"的名号。

公元 602 年，独孤皇后病崩于永安宫。杨坚为了纪念皇后，一反先前简朴的作风，大兴土木，斥巨资修建了当时最大的寺庙——禅定寺。

大总持寺与大庄严寺

独孤皇后去世后，隋文帝为她修建了一座规模宏大的禅定寺。该寺坐落于隋唐长安城的西南角，总面积达60公顷，号称当时最大的寺庙。由于规模过于华丽，该寺直至隋炀帝时期方才完工。

后来，隋炀帝又另外修建了一座规模同样宏大的禅定寺用以纪念隋文帝。因为隋文帝曾经自立法号为"总持"，并称独孤皇后为"庄严"，这两座禅定寺便分别被命名为"大总持寺"和"大庄严寺"。

隋文帝一统中国

正所谓"天下大势，分久必合，合久必分"。在隋文帝的努力下，隋朝一举收复了后梁、平定了突厥、灭了陈朝，使得民族一统再次实现。

后梁之灭

杨坚建立了隋朝后，很快将目光放到了全国的统一上。这时，隋朝的国土涵盖长江以北、长城以南、东到沿海、西达四川的区域，囊括一千多个县，共计两千九百多万人口。

既然杨坚志在一统中国，那么最先注意到的就是北方的中原王朝——后梁，这个王朝是南方梁朝的残余势力。在"侯景之乱"后，梁武帝的第七子萧绎在江陵称帝，史称元帝。而后，江陵被西魏攻陷，元帝被杀，萧詧[1]即位。就在此时，陈霸灭了南方的梁朝，建立陈朝。于是西魏便控制后梁与陈朝对峙，自那以后，后梁便成为附属国，一直归属于西魏。

杨坚登基时，后梁的疆域为荆州一带的三百里土地，统治者为萧岿[2]。杨坚为了能拉拢后梁的势力，不惜派遣使者带着千两金银和无数布匹、马匹赐予后梁，还让自己的次子杨广与萧岿的女儿联姻。

隋朝的内部政治稳定后，杨坚便开始着手准备统一事宜。他先将萧琮召来朝中，萧琮的叔父见势不好，带了城里官民十万多人火速投靠陈朝。杨坚获悉后，立刻借题发挥，宣布后梁被废，封萧琮为莒[3]国公。就这样，后梁被灭。

平定突厥

面对南弱北强的局面，杨坚原本决定先收服南方再平定北方，由弱及强，准备妥当再逐一攻破。但是杨坚篡权时诛杀了大量宇文皇室的成员，惹怒了嫁往突厥的北周公主。公主为报家国之仇

---

①萧詧：詧，chá。萧詧，南北朝时期西梁皇帝，西梁政权建立者。

②萧岿：岿，kuī。萧岿，南北朝时期西梁政权第二位皇帝。

③莒：jǔ。

怂恿突厥沙钵①略可汗进攻隋朝，更是着手联络各方，对隋朝一同发难。一时间，隋朝边疆连连告急。杨坚当机立断，改变计划，决定先平突厥，再攻陈朝。

于是，他命河间王杨弘、上柱国豆卢勣②、左仆射高颎任元帅，兵分几路，迎战突厥。与此同时，长孙晟提议以牙还牙，实行远交近攻的政策，先将突厥的弱部势力瓦解。

原来，当时的突厥实际上有四位可汗。这四位可汗各自坐拥重兵，所以他们的联盟并非坚不可摧，尤其是沙钵略与阿波、达头等可汗本就不和。在隋朝的有意离间下，突厥军队分裂为东西两部分，并且彼此之间战争不断。如此一来，突厥的力量便很快与隋朝拉开了差距，甚至还需要依靠隋朝来打击对手。就这样，隋朝在突厥中左右逢源，没多久就平定了北方疆域。

南北一统

灭了后梁和平定突厥后，杨坚又攻陈朝。他先是采取了游击战术，消耗陈朝的国力。每到江南庄稼丰收之际，杨坚便派人在两国交界处集结人马，装腔作势，假意进攻，以此干扰陈朝的庄

---

①钵：bō。
②勣：jì。

稼收成。连续十年的干扰让陈朝的农业一落千丈，国力也随之大大削减。另一方面，隋朝屡次虚实不定的进攻也让陈朝守军放松了警惕，士气大受打击。不仅如此，隋军还多次做出袭击陈军粮仓、绑架人质等事情，使得整个陈朝陷入一片惶惶不安之中。

公元 588 年，杨坚觉得实现大一统的机会已经到了。命杨广和杨素任元帅，贺若弼 ①、韩擒虎为大将，率五十一万人马，号称百万大军，兵分八路，浩浩荡荡渡过长江，直逼陈朝。陈朝官兵非逃即降，溃不成军，就连陈后主陈叔宝也被隋军俘虏。杨坚趁热打铁，又将南方豪族的叛党平定，沉重打击了地方割据势力，成功统一了江南。

如此一来，自西晋末年以来长达二百七十多年的分裂局面终于结束，中华民族再次实现了大一统。

---

①弼：bì。

落井下石

当年，在贺若弼挺进建康宫时，陈后主吓得惊慌失措，携张、孔两位妃子及十多名宫人一路逃出后堂景阳殿。情急之下，陈后主还想要跳井躲避。袁宪对陈后主苦苦相劝，后阁舍人夏侯公韵以身挡住井口，仍无法阻止。

没多久，隋兵来到井边，向内窥视许久，并大声呼喊，却迟迟不得回应。隋兵威胁要往井下扔石头，井底之人方才高声呼救。等到隋兵抛下绳子将井下的人拉上来一看才发现，原来井里躲着陈后主、张妃、孔妃等人。因此留下了"落井下石"一词。

太子被废风波

隋文帝与独孤皇后共育有五子，分别为杨勇、杨广、杨俊、杨秀及杨琼。本该是相亲相爱的亲兄弟，却也出现了兄弟阋墙①的局面。在母亲与亲弟弟屡进谗言下，杨勇最终被废。

太子之路波折

北周时期，由于祖父杨忠屡有战功，身为长孙的杨勇得以受封为博安侯。杨忠去世，杨坚继承父爵后，又将杨勇立为世子，封位长宁郡公。

公元 580 年九月，天子委派杨勇为洛州总管、东京小冢宰，负责统领北齐。后又将其召回京都，升任上柱国、大司马，负责

①兄弟阋墙：阋，xì。兄弟阋墙，指兄弟之间的纠纷，也比喻内部争斗。

宫禁防卫。

公元 581 年二月，杨坚登基建立隋朝，并于三日后册立皇后及皇太子。杨勇以嫡长子的身份顺利成为隋朝皇太子，开始参与各类军国要事的决策。杨坚为了培养他，还特地将许多朝堂政务交给他处理。杨勇处理事情的结果也确实让杨坚满意，他所提的许多建议均利国利民，很有见解。杨坚对杨勇这个太子寄予了很高的期望。

然而随着年龄的增长，杨勇逐渐沾染上了奢靡好色的恶习，这让一贯秉承简朴作风的杨坚甚是不喜。一次，杨坚视察各皇子处，见到杨勇连一件喜爱的蜀国铠甲都要认真装饰，镶上金银。杨坚十分不满，将杨勇狠狠地骂了一顿，希望他以宇文赟的下场为鉴，不要步那些沉迷于奢靡生活的皇帝的后尘。再反观杨广：上到杨广本人及晋王妃，下到丫头婆子，人人都衣着简朴，府中更无任何古玩珍物。此时，杨坚心中的天平已然微微倾斜。

直到后来一年冬至，杨坚闻知许多大臣皆到东宫朝拜杨勇，而杨勇不仅不避嫌，反而光明正大地接受朝拜。杨坚本来就有些不满，他再深入调查还发现，这样的朝拜每年都会发生。这让杨坚更加不满，一个太子所享受的礼仪竟和皇帝一样，实在难以不让人怀疑他有不臣之心。杨勇与杨坚父子之间的芥蒂也就由此埋下。

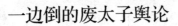

一边倒的废太子舆论

另一边，独孤皇后其人善妒，最讨厌的就是好色婆妾的男人，而杨勇恰恰犯了母亲的忌讳。当时，杨勇娶拓跋家族的后裔元孝矩之女元氏为正妃后，还纳了许多妾室。其中，云昭训尤为受宠，还为杨勇诞下三名子嗣，独孤皇后对此很是不满。

让人没想到的是，性情刚烈的元氏竟然因为不受夫君宠爱而气死了。独孤皇后闻知后，便认定是杨勇与云昭训加害元氏，致使其死去。偏偏杨勇还不知收敛，毫无为元氏死讯而悲伤的迹象，并将太子宫全权交给云昭训打点，独孤皇后更加恼怒。

平时，杨广一直竭尽所能讨皇后欢心，许多掌权大臣又与杨广交好，常常夸赞杨广宅心仁厚。如此一来，独孤皇后对杨广的印象也越发好了起来，易储的想法从心底渐渐萌生。

后来，杨广在前往扬州去向皇后辞行时，依依不舍地对母亲说："太子已有害我的心，我生怕这一去就可能再也见不到母后了。"独孤皇后听后勃然大怒："如今我尚且在世，他竟敢如此，待我死后，岂不是无人可以压制他？"于是她叮嘱杨广没有她的旨意万万不能回京，更加不能接近东宫。此时，独孤皇后已然想要废黜杨勇的太子之位。

与此同时，杨广也费尽心机与丞相杨素结交，并很快得到了

杨素的支持。

杨勇自然也察觉到了自己危险的处境，却又无可奈何。情急之下，他竟派人前去搜集杨坚的消息，窥伺杨坚的举动。事情被杨坚发现后，让杨坚对他的疑心更重，不仅增强了身边的警卫，甚至晚上睡觉都要三次易位。

爬树喊冤

公元 600 年，杨坚正式将杨勇废黜，软禁于东宫，并另立杨广为太子。杨勇被废后心中郁郁，多次想面见父皇为自己辩解，却总被杨广阻挡，故而见不到杨坚。

这天，走投无路的杨勇爬上东宫的一棵大树，高呼冤枉，希望能够引起父亲的注意。而事实上，杨坚也确实注意到了东宫的异况，询问起何事发生。谁知杨素却对杨坚禀道："废太子神智混乱，无法面圣。"杨坚听了也深以为然。至此，杨勇彻底失去了面见杨坚为自己辩白的机会。

❀ 相关链接:

杨广小名的由来

杨广有个小名,叫阿摩。据说是因为当年杨广诞生那日,独孤皇后梦见有一条金龙从她身上飞出来。那金龙起初还小,后来越飞越大,一直飞到半空时,金龙已经有十多丈长了。谁知一阵狂风突然袭来,将金龙掀倒在地。金龙跌在地上,摔断了龙尾,变成跟老鼠一样的动物。

这个怪梦把独孤皇后从睡梦中惊醒,醒来后便生下了杨广。独孤皇后把这个怪梦说给隋文帝听,隋文帝安抚说金龙在天,应当有摩云之志,便将杨广小名定为阿摩。

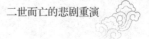

杨广杀父自立

杨勇被废后，杨广很快便被册立为新的太子。然而当杨坚病重之后，杨广撕下了之前兢兢业业、恭谦守礼的伪装，露出了狐狸尾巴。最后竟走上了杀父自立之路，甚至还大肆杀害自己的亲兄弟，铲除朝堂上所有对自己有威胁的人。

章仇太翼的预言

公元604年正月，杨坚决定前往仁寿宫避暑。这时，他身边号称擅长预知未来和炼丹的术士章仇太翼却拼命阻止杨坚起驾。杨坚对章仇太翼的做法深感不解，但章仇太翼或许是因为天机不可泄露，并没有向杨坚透露原因，只是一个劲儿地阻止杨坚起驾。杨坚见章仇太翼讲不出个所以然，便坚持前往。情急之下，章仇太翼对杨坚喊道："陛下，如果您不听我劝坚持前往，那可能就再也回不来了。"这一句不吉利的话彻底惹怒了杨坚，杨坚一声令下让人将章仇太翼投入大牢，等避暑回来再行处理。

正月二十七日，杨坚到达仁寿宫。次日，他便下令让太子杨广全权裁决国内的全部事宜。同年四月，杨坚染病；到了七月，杨坚的病情日益严重。

杨广露出狐狸尾巴

杨坚病情日益严重后，其最宠爱的蔡夫人和陈夫人以及吏部尚书柳述、尚书左仆射杨素、黄门侍郎元岩在左右伺候。然而，就是在父亲病危时刻，杨广却露出了他的狐狸尾巴。他给杨素写了一封亲笔信，询问杨素如果杨坚离世，接下来的事情应该如何处理，是否有所准备。杨素见信之后随即给杨广回了一封书信，并让手下人给杨广送去。谁知，这个送信人却不小心将信送到了杨坚那里。

病中的杨坚看完此信，不由得怒火中烧。恰在此时，陈夫人一脸惶恐地从外面跑了进来。杨坚问她发生了何事，陈夫人泪眼婆娑①地回答："太子欲对臣妾不轨。"原来，清晨时陈夫人出去更衣，却与杨广相遇。杨广早就知道这位貌美如花的陈国公主，

①婆娑：眼泪下滴的样子。

并垂涎她的美貌，只是一直苦苦压抑。如今局势明朗，便起了将陈夫人纳入后宫的想法。现在在路上相遇，杨广当然不会错过这大好机会。于是他冲了上去，一把将陈夫人抱住，陈夫人全力反抗才勉强逃出。

杨坚听了陈夫人的诉说，加之书信里的内容，更是怒火攻心。他对柳述和元岩说："如此大逆不道的逆子怎能托付江山，都怪独孤误了我！"他念起嫡长子杨勇的好，又想重新册立杨勇。可惜这一消息被杨素得知后，又很快传到了杨广的耳朵里。杨广随即假传圣旨，囚禁柳、元两位大臣，并将仁寿宫的所有守卫都换成他自己的人。紧接着，他派心腹宇文述以及郭衍将宫门守住，支开所有伺候隋文帝的宫人。一切准备妥当后，杨广就带着心腹张衡入宫面见杨坚。也正是当天杨广入宫后，杨坚便驾崩了。

杨广即位

杨坚驾崩后，杨广登基变得顺理成章。成为新帝的他先是假造杨坚的遗旨，逼迫兄长杨勇自尽；然后又假借"使用厌胜之术诅咒文帝与汉王"的罪名夺去弟弟杨秀的爵位，将其贬为庶民，并把他与他的孩子分别软禁起来，让他终生不得再见妻子。后来，汉王杨谅在并州兴兵，声称要讨伐杨素。杨广随即命杨素出兵镇压，

杨谅战败，被杨广幽禁，直到离世。

没多久，杨广又大肆清理朝堂，除掉所有对自己皇位有威胁的人。公元 607 年三月，杨广将侄子长宁王杨俨处死，然后又将杨勇的孩子，包括安城王杨筠、安平王杨嶷 ①、杨孝宝、杨孝范等人一同贬到岭南，并在途中将他们悉数杀害。紧接着，杨广还处死了宇文弼、贺若弼、高颎等大臣。

①嶷：yí。

章仇太翼是什么人

章仇太翼，字协昭，后又称卢太翼。据说他七岁开始求学，一天能背诵一千字的文章，州里人都称他为神童。长大后，他博览群书，尤其擅长占卜等术。为人淡泊的他最初在白鹿山隐居，后又迁移到林虑山茱萸涧，每日拜访他、向他求学的人不计其数。后来，他厌烦了这样的生活，就又躲到五台山上居住。那里草药众多，他便与几个弟子一起在岩下居住，仿佛仙人仙居于此。再后来，章仇太翼因才能出众受朝廷召见，入朝为皇帝效力。

寒门子弟的翻身机会

在隋以前，选拔人才均是以君王或官员的喜好为标准。特别是魏晋时期开始，"九品中正制"的选拔方式更是直接导致朝堂被门阀世族所垄断，寒门子弟的翻身机会可谓少之又少。所幸自隋起，"开科取士"为皇帝所提倡，朝堂的大门终于渐渐向寒门子弟敞开。

隋文帝两科选人

隋文帝杨坚一统中国后，为了让自己的王朝吸纳更多的人才，便采取了"开科取士"的方式广纳人才。公元587年，杨坚下令要求每年各州都应保举三位文采翩翩的贡士。公元599年，杨坚又定下以"志行修谨""清平干济"两个标准进行选才。从此以后，杨坚推崇选拔官员不论门第①，唯才是举。有才的寒门子弟可通过考试取士，分科考试也由此诞生。

杨坚还规定，但凡五品以上的官员都要德才双全。如此一来，原先固有的士族垄断被打破，其他各个阶层有才能的人都能得到为朝廷效力的机会。而且选才纳贤也不会受到个人主观喜好的影响，选拔结果更加客观、公平。

开皇末年，杨坚又废除了原有的州郡辟举制度以及九品中正制，规定凡是六品以下的官员皆要由尚书省吏部选拔，隋代科举制初步成型。

从十科到四科

隋炀帝杨广登基后，对父亲定下的科举制度进行了一定的修改。隋炀帝设下明经和进士二科，并规定朝廷通过"试策"取士，科举制至此正式诞生。所谓"试策"，即以实务策为主要考点。

公元607年，杨广下旨："江山之重，并不是一人就能治理好；帝王的功德，也并非一人的谋略。自古以来，贤明的君主登基后，为了立政安国，谁不选贤纳才……孝顺乃人伦的根本；德

————————
①门第：指家庭或家族的社会地位。

行敦厚，乃立身的基础。有的人节仪可称，有的人操行清廉……刚毅正直、执宽不挠、学业有成、文采翩翩且能被廊庙①所用，确实乃瑚琏②是也……"圣旨中，杨广将孝道、德行、节仪、操守、刚毅正直、执宽不挠、学业有成、文采翩翩此十项列为朝廷选人的标准。于是，原先的二科考试变为十科考试。

公元609年六月，杨广再次下旨道："各郡以学业优良、才艺出众；体格健硕，体力非凡；为官勤恳、能处理政务；性情刚直，不畏强权，此四科进行选人。"自此，隋朝科举便由十科举人改为四科举人。

此时，科举考试的大权均已集中在隋王朝中央的吏部，其筛选人才的方式为从下到上逐级淘汰的差额考试法。

未完成的遗憾

隋朝开启科举制，希望以投牒③自进、优胜劣汰的方式为各阶层打开通向朝廷政治的大门。此时的科举制只是草创阶段，尚未形成制度，不过其将读书、应考、仕途三者紧密地联系起来，为国家选才掀开了崭新的篇章。然而美中不足的是，由于科举制尚

①廊庙：指代朝廷。
②瑚琏：借指国家宝贵的人才。
③投牒：牒，dié。投牒，呈递文辞。

处于初创时期，科举目的、考试内容、规章、方式等各方面均未完善，科举制为隋王朝带来的优秀人才非常有限。

❀ 相关链接：

九品中正制

九品中正制又称九品官人法，创建于魏晋南北朝。其选拔人才的方式是在各州、郡设立中正，由中正对被评者的家世、道德、才能进行评议，然后将评议结果上交至司徒府审核。

然而，由于魏晋时期中正大多为二品，而二品又有参与中正推举的权力，因此取得二品的人大多都是门阀世族。这样的情况导致了官员选拔的权力完全掌握在门阀世族手中。于是，九品中正制的家世标准越来越重，才德却慢慢被忽视。到了后期，家世甚至成了选官的唯一标准，并最终形成了"上品无寒门，下品无士族"的情形。

历史的印记——赵州桥

　　在我国历史上，桥梁始终扮演着举足轻重的角色。它方便了百姓的生活，促进了商业往来，更为河面增添了一道亮丽的风景线。在我国桥梁的修建史上，有一座令后人铭记并骄傲的桥，它就是几经风雨，仍然屹立在河北的赵州桥。

洨河有桥初建成

　　隋文帝一统中国后，长期存在的南北分裂被打破。那时，赵县成了连接南北的必经之路。它往北可达重镇涿郡，向南即到洛阳，地理位置的重要性可想而知。然而，就是这样一个重要的地理位置却被城外的洨河所阻隔，人们来往十分不便，尤其是到了洪水期，更是无法通行。因而，公元 595 年，朝廷决定在洨河上建石桥，方便通行。

接受这一任务的人是当时著名的匠师——李春。公元595年，李春凭借自己多年的经验，通过严密勘测，将赵州桥的选址定于洨河两岸相对平直的地方。这里的地层表面是常年受河水冲刷的粗砂层，其下分别为细石、粗石、细砂以及黏土层，承重能力非比寻常，十分适合建造大桥。

选定桥址后，李春又就地取材，在邻近州县挑选了质地坚硬的青灰砂石开始建桥。他顺着桥梁方向砌置厚度为1.03米的石拱，以28道分别独立的拱券①沿河宽并列组合成赵州桥。由于拱券之间是分别独立的，所以既可节约"鹰架"的用料，方便移动，又极大地方便了石桥的维修。

在李春及众工匠的努力下，桥很快便竣工了。因为那时赵县又称赵州，因而该桥便名为"赵州桥"。赵州桥全部以石料建筑，且只用一孔石拱，拱圈由28条并列的石券排列而成，高达7.23米，跨度为37.02米，总长共计50.82米。桥面约为10米宽，铺有石板，分3股，两边为人行道，中间可行车。

———————————
①拱券：桥梁、门窗等建筑物上筑成弧形的部分。

桥体三绝

赵州桥最出名的当属其设计，它的设计堪称"三绝"：

其一，其券小于半圆。普通石桥的券多数为半圆形，赵州桥如若仿照其他石桥一般，将券设计为半圆形，那么人们过桥时便会十分费劲。因而李春将桥券设计为小于半圆形的弧状，如此一来桥的高度降低了，而修筑时耗费的材料、人力也得到了很大的节省。

其二，赵州桥撞①空且不实。李春一改其他石桥砌实撞的传统，并未砌实赵州桥的撞，反而在两边撞的位置分别砌了 2 个弧状小券。如此一来，赵州桥桥体便有了 4 个小券。每逢洨河河水涨时，部分水可以由小券流出，减少洪水对桥的冲击的同时，还使得水流顺畅，桥体与行人的安全得到了很好的保证。

其三，洞砌并列。李春在设计大券时，用 28 道小券并列而成，并且各道窄券间均以铁钉相连。如此修筑的券即使其中有所损坏也不至于影响整个券，要修缮时只需修坏的那个，为后期维护、整修省了许多气力。

①撞：券的两肩叫"撞"。

仙迹之说

赵州桥的修筑极大地便利了南北以及当地百姓的交通。在这座桥上，还清晰可见一些奇怪的印记。当地百姓将其称为仙迹，并为它们杜撰了这样一个神话故事：

相传在古代，洨河水势汹涌，尤其是夏秋两季大雨滂沱之时，洪流汹涌无比，给河岸居民造成了极大不便。著名的工匠祖师鲁班闻知此事随即赶来，在一夜之间修好了赵州桥。如此奇迹惊动了天庭的张果老，张果老有意想试试此桥，便在驴背褡裢①的两边分别装上太阳与月亮，要从桥上走过。不仅如此，他还叫来柴荣，让柴荣推来载着"五岳名山"的独轮车。

在桥前，张果老问鲁班此桥可否供他们二人同时行走。鲁班不以为然道："自然可以。"谁知张果老与柴荣刚上桥便把桥压得摇摇晃晃，情急之下，鲁班连忙跳到桥下用手托起桥身东侧，如此张果老和柴荣方顺利过桥。桥上也因此留下了张果老的驴蹄印、斗笠掉落压出的圆坑、柴荣的车道沟和单膝着地的膝盖印，当然还有鲁班托桥留下的手印。不过，由于桥的东面一度塌坏，所以手印已无处可寻。

①褡裢：一种中间开口而两端装东西的口袋。

"天工"赵州桥

对于这样一座重要的桥梁，百姓们更愿意以一个极富传奇色彩的神话来讲述其来源：传说，鲁班游历至赵州，发现城外有一条宽广的洨河拦住了人们的去路，城里城外交通极其不便。为了方便百姓生活，鲁班决定自己动手修建一座石拱桥。鲁班的这番雄心感动了上天，上天便派"天工"和"神役"前来相助。黄昏，一位牧童赶着羊群从河西而来，在来到鲁班的工地时，牧童突然消失，而羊群便化为修桥的石料等。在这些"天工""神役"的帮助下，鲁班在一夜之间便成功地修建好了赵州桥。

隋炀帝三征高句丽

历史上，隋炀帝曾对高句丽发动了三次战争。在这三次战争中，隋朝的战绩并不好。虽然对边境起到了很好的震慑作用，但却将隋朝内部搅得一塌糊涂，可谓得不偿失。隋炀帝这三次战争也是导致隋朝支离破碎的导火索。

兴师动众的首征

事实上，隋朝与高句丽的纠葛自隋文帝时期便已经开始了。公元598年，高句丽进军辽西。杨坚命汉王杨谅、上柱国王世积、周罗喉等人领三十万大军，兵分水陆两队进军高句丽，并下令剥夺高丽王高元的爵位。可是水陆两队的兵马都遇上天灾，死伤惨重，无奈之下只好退兵。不过好在隋军军威很好地震慑了高句丽王，高句丽王赶忙遣使者向隋朝请罪，杨坚也顺势表示同意撤兵。

后来，杨广登基，心中依旧牵挂出征高句丽的事。公元610年，裴炬力主出征，并拿先帝杨坚为例，劝说杨广出征高句丽。于是公元611年二月，杨广假托"高句丽心存不臣"，下旨征讨高句丽，要求普天之下的士兵，不管远近皆要在次年春季集中于涿郡。一时间，洛阳至涿郡的运河上，船队络绎不绝，官道上挤满了应诏而来的士兵和运送军需用品的民夫。而这样的决策本身便是一大失误，谁会如此大规模地将全国士兵集于一地呢？集中兵力后，杨广将百万人马分为十二队，一日出发一队，每队间隔四十里，十二队连绵长达九百六十里。按理来说，远征高句丽应以速度取胜，可杨广却偏偏摆出如此大的阵势，拖慢了整体的作战速度。

何况杨广并无强硬的指挥作战能力，就连早年参加过的那几场征战也不过是纸上谈兵。偏偏就是这么一个毫无将才之人，却要独揽大权。他下令"凡是军队进攻与否，都要及时上报，不可擅自行动"。这样一来，前线大将在作战时屡屡受限，常错失良机；再加上辽东地区交通、气候等条件都不尽如人意，军队后勤无法保障。种种因素导致隋军的百万人马折损近三分之一，损失的军资器械数以万计。

这一次出征最终落得惨败收场。

被打断的第二次出征

　　面对首次失利，杨广心有不甘。公元 613 年，他又动了出征高句丽的念头。这一次他总结了首次出征的教训，给了众将随机应变的权力。准备好一切后，他命军队将辽东城团团围住，昼夜不歇地接连进攻了二十多天。然而天不遂人愿，就在隋军即将攻克辽东之时，黎阳传来急报，称杨玄感于黎阳起事。杨广大为惊骇，急忙密令前方撤军，甚至连军资器械等物都来不及带走。就这样，第二次出征也不了了之。

终于熬到了胜利

　　公元 614 年，杨广又一次起兵征讨高句丽。他派骁卫将军来护儿于毕奢城大挫高句丽的军队，并乘胜追击直攻平壤。那时高句丽因常年战乱困顿不已，无暇应战，只能派使者求和，并将已叛变的兵部侍郎斛斯政送归隋朝。杨广见好就收，随即命军队班师回朝。

　　这三次出征高句丽很好地震慑了隋朝周边各族，稳定了隋朝边疆，扩大了中原王朝在辽东和朝鲜半岛的影响。然而讽刺的是，隋朝的这三次出征虽然平定了边境、解决了外患，但却使自己陷入内忧的境况中。

雷击三塘

相传，因为杨广残暴无道，连上天都无法容忍，所以最终沦落得死后几乎没有葬身之地。当杨广于迷楼北边的荷叶地下葬时，霎时间风云突变，天雷滚滚。一声巨响后，坟墓竟被劈裂，杨广的尸身被炸到地面上，墓地被炸成一个深深的塘，人们称之为"上雷塘"。后来，杨广坟迁至雷塘桥东，谁知又遇到了同样的情况。墓地再次变成一个深塘，人们称之为"中雷塘"。再后来，又迁到北闸窝，同样的事情再次发生，"下雷塘"由此而名。最后，隋左武卫将军陈棱无奈下把杨广的坟墓迁至铁佛寺。因为雷不打佛，杨广才没落得死无葬身之地的下场。

杨素成全三段爱情

　　杨坚统一中国后，将战功赫赫的杨素封为越国公，赏赐给他一万段锦帛，一万石粟，金银财宝众多，并将陈后主的妹妹乐昌公主以及十四名女妓赐予杨素。这些赏赐恰恰使杨素成全了三段爱情！

助人破镜重圆

　　公元 589 年，陈后主与他的众嫔妃、亲戚被杨坚所俘，陈后主的妹妹乐昌公主也在其中。由于杨素为隋朝立下赫赫战功，而乐昌公主才貌双全，所以杨坚下令将乐昌公主以及十四名女妓赐给了杨素。

　　杨素仰慕乐昌公主卓越的才情，又爱慕她的美貌，便对她十分宠爱，还为她专门建了宅院。只是，这位乐昌公主始终沉默不语，闷闷不乐。

原来，在陈朝国破之前，乐昌公主便已经婚嫁，所嫁之人乃是陈太子的舍人徐德言。两人婚后琴瑟和鸣，相知相爱，却不想遭遇国破之难，无奈别离。在分离之时，徐德言泪流满面道："如今国难当头，家也难安，你我二人必然会面临分离。我们夫妻二人长久分离，只能空相思。但天若有情，必定不舍得让我们此生不得相见，所以我们准备好信物，方便以后相认。"言罢，徐德言将一枚铜镜一分为二，夫妻二人各取一半。接着又道："届时你若被掠进豪宅之家，就在元宵之日将你的半枚铜镜拿到街道售卖。倘若我还活着，一定会去打听你的下落。"

后来陈朝灭亡，一对有情人果真离散。但是，徐德言未曾忘记与乐昌公主的约定。次年元宵，乐昌公主将半枚铜镜交予一位老伯高价叫卖。徐德言在集市上发现了那半枚铜镜，并得知了妻子的下落。他在镜子背面题诗道："镜与人俱去，镜归人不归。无复姮娥影，空留明月辉！"乐昌公主见了诗，不由得悲痛不已，粒米不进。杨素问其故，才得知乐昌公主与徐德言的事情。对于他们夫妻间的深情，杨素深受感动，便让人找来徐德言，让他们夫妻团聚，还给了他们许多钱财，并为他们备酒饯行。

成人私通之美

　　如果成全乐昌公主夫妻是杨素为他们的情深所感动，那么成全李百药之事则更能体现杨素的大度。据《隋唐佳话》记载：李德林的儿子李百药曾深夜潜入杨素府中，只为与杨素的宠妾私通，谁知却不幸被杨素所擒。杨素本来是要将这个色胆包天的李百药就地正法的，谁知这李百药竟是个仪表堂堂、未满弱冠 ①的好男儿。杨素一时间不忍下手，便道："我听说你善于写作，那么你现在就作一首诗，作得好，我就放你一马。"李百药也不是浪得虚名，当便即作了一首。那诗文采斐然，深得杨素赞许。高兴之下，杨素不仅饶了李百药一命，还将那名宠姬赠予李百药，并附送几十万财产。后来，杨素竟还向杨广推荐李百药为礼部员外郎。

放任红拂私奔

　　姬妾私通他人，杨素尚且能忍。那么，侍妾与布衣 ②私奔，又当如何？

　　当时杨素身边有个侍妾名为红拂，这位侍妾貌美如花，却暗

---

①弱冠：即年满20岁的男子。
②布衣：借指平民。

自喜欢上了身为布衣的李靖。不仅如此，红拂还私下找到李靖，并与之私奔。杨素知晓此事后，没有太过恼怒，没有派人去将红拂抓回来，也不因此迁怒李靖的舅父——时任隋朝大将军的韩擒虎。后来李靖入仕为官，成了马邑的郡丞，杨素也没多加为难。

杨素有如此气度和胸怀，便自此流芳千古。

风尘三侠

据野史记载，红拂与李靖私奔后，于灵石镇的一个客栈里遇见了一位自称虬髯客 [1] 的人。红拂见这个虬髯客气质不凡，便与之结拜为兄妹，三人合称"风尘三侠"。一路上三人结伴而行，来到汾阳见李渊和李世民。后来，李靖投靠了李世民。而虬髯客却决定另谋他途，并将自己的所有家产悉数赠予李靖夫妇，自己只带了一副行囊远走他乡。

据传，最后虬髯客组建了一支兵马，直杀海中扶桑国，并自立为帝。

---

[1] 虬髯客：虬髯，qiú rán。虬髯客，传奇小说中的人物名。

命运多舛的萧皇后

隋炀帝的皇后萧氏为孝明帝萧岿之女。因其出生于二月,被视为不吉,所以出生后便被辗转送到叔叔、舅父处收养。萧氏聪明温婉,知书达理,又懂医术,因而婚后深受公婆与夫君喜爱。然而一朝国破,萧氏沦落得如浮萍般飘零的下场。

乡下女嫁入皇廷

当年杨坚为了拉拢萧岿,命次子杨广与萧岿的女儿联姻。然而,萧岿的前三个女儿的生辰八字均与杨广不相匹配。无奈之下,萧岿想起了之前出生于二月,命数不祥的小女儿。他连忙拿小女儿的生辰八字进行卜算,结果发现小女儿的生辰八字与杨广正合适。于是,萧岿赶忙命人将小女儿接回来,准备与晋王杨广联姻的事宜。

公元 582 年，十三岁的萧氏与二十五岁的杨广成婚，成为隋朝的晋王妃。成婚以后，晋王夫妇夫唱妇随，十分恩爱。没多久，夫妻二人就一同前往晋阳赴任。公元 584 年正月，萧氏为杨广产下长子杨昭，后又分别产下了杨暕①和南阳公主。

此后，萧氏与杨广二人为夺嫡之事苦心经营。在杨广夺嫡的道路上，萧氏可谓是立下了汗马功劳。公元 600 年，杨广终于得偿所愿成为太子，萧氏则顺理成章成了太子妃。公元 604 年，杨广即位，萧氏随之被封为后。杨广即位后，有许多失德②之处，萧氏屡次婉言相劝，甚至写下《述志赋》，希望丈夫有所改变，然而都没有结果，只能听之任之。

公元 616 年，杨广携嫔妃、百官第三次下江都，直接导致隋王朝的统治四分五裂。并且由于杨广长期在江都逗留，令许多官员都存了不臣之心。有宫女向萧氏禀报称："外面传言许多人都有谋反之意。"萧氏道："将此事报给皇上听。"谁知杨广听了却勃然大怒，杀了那名宫女。此后再有人向萧氏禀报有人商议谋反时，萧氏只道："如今大势所趋，无法逆转，又何必告诉陛下，让他徒增忧愁呢？"从那以后，再无人向帝后

---

①暕：jiǎn。
②失德：过错，罪过，失误。

提及谋反等事。

浮萍般的命运

公元 618 年，宇文化及及其兄宇文智及发动政变。杨广在行宫内遭臣下缢杀 ①。宇文化及随即将隋朝江山收入囊中，皇后萧氏成为叛军的人质。不过，由于正值天下动乱之际，未足一年，窦建德便杀到宇文化及等人所在的聊城，大破宇文化及的大军，并将萧氏安置在武强县。

也正在隋朝陷入混乱的情况下，突厥兵力迅速增长，而其中一位突厥藩王的妃子恰巧是杨广的妹妹。这位公主闻知萧氏的遭遇，便说服藩王向窦建德讨要萧氏。窦建德岂敢不从？于是萧氏被送到了藩王手里。

老死唐宫

十年后，唐朝大将李靖领兵大挫突厥，将突厥赶到了大漠以北，并将萧氏接回中原。

为了给萧氏接风洗尘，唐太宗还令人备下一席豪华的宴席。

---

①缢杀：缢，yì。缢杀，用绳子勒死。

时隔多年再见萧氏，唐太宗仍不禁为她的气韵所折服，便将她养在宫中。

十八年后，萧氏在唐宫中离世，享年^①八十一岁。

---

①享年：称死去的人获得岁数，敬辞。

好头颈，谁当斫之

公元 618 年，由于隋炀帝的昏庸无道、荒淫无耻，隋朝陷入国将不国的危局之中，领地也只剩下洛阳和江都而已。此时的隋炀帝却仍然不知悔改，每天只知道卜算问卦，借酒浇愁。

某日，他看着镜中的自己对萧皇后说道："这么好的头颅，谁会砍了它呢？"此外，他还对萧皇后说："我们痛饮一番好了，无论如何，我至少还能当个长城公，卿也可以为沈后。"原来，隋文帝曾在陈后主及其皇后降隋后赐其"长城公"以及"沈后"的封号。隋炀帝觉得大不了就投降，至少也能享受这样的待遇。

隋唐大运河

以洛阳为中心，南起余杭，北达涿郡的隋唐大运河是隋朝不可不说的历史之一。这条贯通南北，为国家带来繁荣与富贵的大运河始建于隋炀帝大业年间。然而最终却并没能造福隋朝，反而成了隋朝的催命符。

杨广开凿大运河

在杨广登基时，隋朝的财政实力达到了历朝历代的顶峰值。西京太仓、东京含嘉仓、洛口仓、华州永丰仓、峡州太原仓的粮食储量多到惊人，多的可达千万石[①]，少的也不低于百万石，且国内义仓的储量全都充盈。除此之外，京都和并州所存的布帛数量多达几千万……面对如此庞大的财政实力，杨广满怀雄心，因此

①石：容量单位，十斗等于一石。

将自己的年号取为"大业"。

既然年号为"大业"，杨广自然要干出一番大业，方能不负自己的江山。起初，他先是对父亲定下的各项制度进行了进一步的改革。不过对他来说，制度改革远没有大工程建筑富有吸引力。于是他开始斥巨资进行大工程开发，其中最令人瞩目的莫过于隋唐大运河的修建。

公元605年，隋炀帝从河南、淮北征发了百万人开发由洛阳到淮水的通济渠。同年，他又征发淮南十多万人自山阳到扬江开邗沟①，汇通大江。公元608年，永济渠正式开工，他征发河北百余万人将沁水向南引入黄河，向北引至涿郡。公元610年，从京口到余杭的江南运河也开凿了。如此一来，一条长达四五千里的大运河正式形成。

食人之子

当时，杨广派遣主管修河的官员叫麻叔谋。麻叔谋常年患有重病，在驻地时经常卧病不起。河道开始修建时，有人得知河道会从自己家里穿过，可又不愿搬离，想来想去就只能贿赂主管修

---

①邗沟：邗，hán。邗沟，古代中国劳动人民创造的一项伟大工程，为最早见于明确记载的运河。

隋

河的麻叔谋。那人闻知麻叔谋病体沉疴 ①，心中便起一计。他把蒸熟的人肉呈给麻叔谋，谎称是治病良药。偏偏麻叔谋吃后，竟然吃上了瘾，不仅觉得人肉的口感滋味俱佳，还觉得服用后确实对自己的身体十分有益。于是，麻叔谋便同意了那人修改河道的请求。紧接着，他派人四处捉拿孩童以供食用。一时间，河道两旁的百姓人心惶惶，纷纷将自己的孩子藏在家中，希望能够逃过一劫。后来麻叔谋食人之子的事情传到了朝廷，杨广觉得他的做法有违天理，便下令将他处死。

后世之福，当代之祸

历时四年，隋唐大运河终于完工。它贯通了海河、黄河、淮河、长江、钱塘江五大水系，并连接了沿路的通都大邑，其规模之大，所耗费的人力、物力之多令人惊叹。大运河开凿为后世百姓带来的是无穷无尽的财富，更有"半天下之财赋，悉由此路而进"之称。

可悲的是，杨广过于心急，使得一桩造福国家的好事沦为当时百姓之祸。从大运河开凿之际起，成千上万的百姓无家可归，饿死街头。杨广大量征发壮丁前去修建河道，以至于后来男丁不足，

①沉疴：长久而严重的病。

连妇女也要参与到开凿之中。天子旨意如此，大小官吏谁敢不从？这些官吏担心任务无法按时完工，便也着急地催促壮丁工作，甚至随意动刑，对开河的民工棍棒相加。因而，开河过程中，民工死伤无数，十分凄惨。一时间，百姓怨声载道，对杨广的怨恨不言而喻。

楼台牡丹

据说，当年隋炀帝杨广把从各地网罗而来的牡丹种在西苑里。一日，他带众妃一起去西苑赏花。有一个妃子赏花时叹息道："这牡丹虽是百花之王，可惜楼台过高，只能俯瞰，看得不真切，枉费这好花。"杨广闻言，随即命花师种株高株牡丹，并且每株花至少要有三色。宫廷花师无法完成，杨广便命全国各地的花师前来共同探讨。

后来一个住在山东曹州的花师突发奇想，将牡丹嫁接在高高的香椿树上，并且大获成功。牡丹在高枝上怒放，植株甚至还高过了楼台。杨广龙颜大悦，将其命名为"楼台牡丹"。只是，培育牡丹的功劳最终被一个贪功的宦官所占，培育的花师一怒之下不再培育楼台牡丹，楼台牡丹的培育方式便自此失传。

一代枭雄李密

　　李密出生于贵族家庭，祖上四世三公地位显赫，但李
密却加入了反政府的农民起义瓦岗军。李密文武双全、机
智多谋，而且志向远大，以救国救民为己任，是个不可多
得的人才。但他最终的结局却是身首异处，让人唏嘘。

出身高贵却遭革职

　　李密出身于贵族家庭，曾祖父为西魏八柱国将军之一，祖父
为北周的刑国公，父亲为隋朝上柱国，是真正的四代三公世家。
年少的时候，李密就在宫廷当任侍卫。那时的他是一个好奇、活
泼的少年，皇宫多奇珍异宝，所以李密在值班的时候没能做到专
心致志。隋炀帝发现后认为他没出息，连侍卫都当不好，更别说
担当重任了，就把他革职了。

三计取其下

革职回家的李密并没有沮丧懊恼，而是决心发奋读书，做一个有学识的人。有一次，李密骑牛出门去看望好友。为了能多看点书，多积累知识，他就把《汉书》挂在牛角上。这件事被传颂开来，成为一段佳话。

杨素见李密读书十分勤奋，就回到府中告知儿子杨玄感，杨玄感便有意与李密交心密谈。后来杨玄感对隋朝不满，并于公元613年起义反隋。杨玄感起兵后，李密前来相助，杨玄感十分高兴，就把李密当作主事之一。

杨玄感向李密问计策，李密告诉杨玄感，他有上、中、下三计可供杨玄感选择。

上策，隋皇帝出征远于辽水，距幽州隔千里之遥，此间南面大海，北有胡兵，中间只有一条道路，十分艰险。现在你手握重兵，可以直入蓟州，取隋军咽喉重地。那时隋军前有高句丽，后无退路，不用多日，等其粮草用尽必定内乱。到时只要招揽其部下，便能不战而胜。

中策，关中有天府之国，虽有卫文升把守，但不必担心。先带领兵将轻装越过其他城，早日到达关中。隋帝返回都城的时候便失去了天然壁垒，我们占据关中险要之地，易守难攻，一定能战胜他。

下策就是就近攻打，先攻洛阳，守将必定告诉皇帝，他们定会坚守，拖延时间后便胜负难分了。

不过杨玄感觉得下策才是上策，便采用了下策。

杨玄感手握重兵到达洛阳，取得了接连的胜利，便认为天下百姓都响应他的号召，大事可成了。他俘获韦福嗣，对其委以重任，军队要务都交给了韦福嗣，李密遭到冷落。但是李密却发现，韦福嗣并没有忠心于杨玄感。李密告诉杨玄感，要杨玄感果断杀了韦福嗣。然而杨玄感并不相信李密，觉得事情没那么严重，便让韦福嗣逃跑了。

杨玄感被围攻，李密献计用反间计：宣扬主帅与你同谋，蒙骗其部下，你就可以借此入关。途中，杨玄感想要围攻弘农宫，李密劝说："你现在是蒙骗别人而入关的，兵贵神速，攻打会拖延时间；如果攻打失败，后有追兵，那就后患无穷了。"但是杨玄感不听，结果追兵赶到，杨玄感就这样败了。

智破隋军，狠夺瓦岗军

李密因杨玄感失败被抓，后在被押送途中用计谋逃脱。公元616年，翟让在河南发动起义，拥兵过万，以瓦岗寨为据点，称瓦

岗军。李密投靠翟让，但是翟让的部下并不认同李密，还暗中让翟让杀掉李密。李密靠王伯当的关系向翟让献策，翟让便派李密去劝说小贼。没想到李密所到之处，贼子皆来降，这让翟让对李密很是敬佩，大事也都愿意与他商量。

李密对翟让说："虽然我们兵士过万，但是并无粮草供给，日子长了，如果有大敌来犯，很容易失败。攻取荥阳休养生息，让队伍强大起来才是长久之计。"翟让听了李密的建议，成功夺下荥阳数城。没多久，张须陀前来支援荥阳。翟让因多次被张须陀打败，所以很是害怕。李密又献计，暗中伏兵，让翟让诈败而走。张须陀中计追赶翟让，不料伏兵四起，李密将张须陀斩于阵中。

至此，翟让更加信任李密，将其视为心腹。后来李密再献计于翟让，让翟让袭击粮仓，然后分发给贫苦百姓，百姓们都来感恩并归附翟让。

之后李密屡屡战胜隋军，不断为瓦岗军立下功劳，在翟让军中的地位越来越高，权力也越来越大。翟让的部下和翟让的兄长劝说翟让夺取李密兵权，却被李密暗中听到，于是李密有了杀死翟让的打算。

没过多久的一次宴会中，李密拿出一把好弓让翟让看。翟让试射时，李密命蔡建从后偷袭杀死翟让，然后又派人杀死了翟让兄长，夺得大权。

李密之死

李密战胜宇文化及后便骄傲起来，再也不像以前那样尊重士兵、爱护军士了。另外，百姓恨隋朝统治荒淫，对李密受降十分反对。自此，李密的军队军心不稳，加上李密听信奸人言论，令部分猛将疏远李密。后来王世充出兵攻打李密，李密失误损失大将，使部分大将投靠王世充。李密最后只能出逃，盛极一时的瓦岗寨走向末路。

之后李密归附大唐，李渊十分高兴，还把表妹嫁给了他。但是李密并不想居人之下，对自己的地位很不满意，便密谋反叛，王伯当劝说无果，李密最终被李渊设伏杀死。

唐：
如梦如幻的盛世华章

唐高祖起兵反隋

公元 611—614 年，隋炀帝连续对外发动了三次战争，让自己的子民陷入水深火热之中。百姓们为了逃避沉重的兵役、徭役，甚至不惜剁掉自己的手脚。一时间，隋朝天下民不聊生。也正是在这样的情况下，李渊顺应天命，起兵反隋。

心存不臣

李渊出身官宦，其母是独孤皇后的妹妹，因此他七岁便袭爵唐公位，深受皇室信任。公元 613 年，杨玄感兴兵造反。杨广遂命李渊前去征讨，并指派李渊统领关陇兵马。如此一来，李渊的势力日益增长起来。然而杨广其人疑心颇重，极易猜忌权势过大的臣子，常常寻借口灭之。权势日益膨胀的李渊自然也不能幸免，杨广曾一度有意杀之。李渊闻听消息后，心中十分惶恐，便假装沉迷酒色，希望能打消杨广的疑虑。公元617年年初，杨广将李渊调离京城，让李渊到太原任留守，并派眼线虎贲郎将王威、虎牙郎将高君雅进行监视。

那时，李渊与时任晋阳宫宫监的裴寂十分投缘，常常在晋阳宫内一同饮酒聊天。裴寂还总是挑选一些宫女前去服侍李渊，以此讨好他，李渊也乐得接受。毕竟太原与京城相离甚远，像这等违法的小事遮掩起来也还算容易。一日，裴寂突然主动对李渊道："这事若是捅出去，可是死罪，与其到时候东窗事发被杀，还不如就此起兵反了。"接着，裴寂又向李渊说了一个造反的计划。事实上，裴寂会说出这样的话，是因为李世民贿赂于他，让他怂恿李渊造反。李渊掂量许久，发现自己确实退无可退，便只能默认了他们的计划。

借机起事

其实，李渊早就有了反意，只是他心思缜密，一直在等待一个合适的时机。而眼下刘武周起事，进攻汾阳宫。李渊随即号召部将道："如今我任太原留守，汾阳宫自然也属于我的管辖范围。如今汾阳宫受袭，如果我无法击退敌兵，那么必然是死罪。可是

如此大规模出兵应该先禀明陛下，只是陛下现在在江都，来去之间恐怕耽误时间，此事该如何是好呢？"众将领答道："如此军国要事，您可以自己决定，无须上报。"李渊一听此话，随即招兵买马，很快就召集了一万多人。

王威与高君雅一看李渊的举动就知道他是借机造反，于是便提议让他前去晋祠求雨，并趁机埋伏捉拿李渊。谁知李渊早就洞悉了他们的心思，抢先下手。李渊怂恿开阳府司马刘政会诬陷王威和高君雅造反，先一步抓了他们。正好过了几日，突厥兴兵来犯，李渊随即在军里公告："有人揭发王威和高君雅私通突厥，如此看来，确实是真的。"说完便将两人给杀了。

公元617年六月，李渊祭旗①起兵，正式打响兴唐灭隋的战火。与此同时，他还派人前去突厥议和，表示愿与突厥结为盟友，并请求突厥派兵一同伐隋。如此一来，李渊的声势愈发壮大起来。此后，他又招兵买马，制造弓箭，努力增强自己的武力。

唐朝之立

李渊积极从各界获取大量人力、物力与财力的支援。短短一百二十多天，李渊就迅速占据了关中，打下了长安。李渊改下

---

①祭旗：军队的首领在出征之前，为求上神灵的庇佑，杀死某活物以祭祀所神灵。

长安后，并不急于称帝建国。他先是将隋炀帝的孙子、年仅十三的杨侑①立为皇帝，然后又尊当时远在江都的隋炀帝杨广为太上皇，自己则任大丞相。如此一来，他便可大张旗鼓地挟天子招降隋朝的文武百官，使隋朝的大权全部落入自己的手中。

公元618年，杨广在江都被害；同年五月，李渊将杨侑废黜，自立为帝，改国号为唐，将长安定为首都。

---

①侑：yòu。

梦中的预言

相传，裴寂年少时家里十分贫穷潦倒。一天，他决定徒步前往京师长安。在路过华岳庙时，他诚心祷告："我如此穷困潦倒，在此诚心祈祷，希望上天有灵，能够为我指明道路。若是我将来能飞黄腾达，就赐个好梦预示一番。"当夜，裴寂竟然梦见一个白发老人对他说："你得耐心等到而立之后才能位极人臣。"

李渊起事后，裴寂果然随之平步青云。等到唐朝开朝时，他因功被立为丞相，权倾朝野，所享受的待遇也是全朝之最。

玄武门惨剧

自古以来，多少英雄为皇位、为江山杀得血流成河。皇权的吸引力是巨大的，它让多少君臣生隙，又让多少兄弟阋墙。大唐时期，秦王李世民与太子李建成、齐王李元吉的惨剧，便是因皇权而起，玄武门的风云突变就是这场兄弟阋墙的最终结局。

兄弟之争

李渊称帝后，秉承立嫡立长的原则，将长子李建成封为太子，李世民、李元吉分别为秦王与齐王。李世民自幼喜好弓矢①，在唐初的征战中立下了赫赫战功。尤其是在公元621年，歼灭窦建德、王世充等反贼后，他便立下了威信。李世民其人有勇有谋，手下

————————
①弓矢：借指武艺。

更是人才济济，文官有号称"十八学士"的房玄龄、杜如晦之辈，武将有尉迟敬德、秦叔宝、程咬金等名将，可谓是势力强盛。身为太子的李建成眼看李世民功业显著，颇有威信，心中不由嫉恨。

因此，李建成一边笼络李世民身边尉迟敬德等将，一边与李渊的宠妃在李渊面前恶言诋毁李世民。一次，李渊委派李世民为陕东道大行台，让他负责管理境内一切事务。当时，由于淮安王李神通有功，李世民便赐他田地。恰好几天后，李渊的宠妃张婕妤向李渊请求赐些田地给自己的父亲。李渊准许，随即亲笔下诏赐予张婕妤父亲些许田地。谁知这些地已经赐给了李神通，于是张婕妤哭闹着跟李渊告状："陛下许诺赏赐臣妾父亲的地被秦王抢去赐给李神通了。"李渊闻言气得怒火滔滔，责骂李世民道："我手下的人都不听我的，只听你的了，你可还把我这个父皇放在眼里？"李世民被骂得无言以对。

又一日，李世民的谋士杜如晦骑马自德妃的娘家门口经过。德妃之父乃是太子党羽之一，向来横行霸道。他远远瞧见杜如晦骑马过来，便让仆人在门口候着，专等杜如晦路过时，将杜如晦扯下马暴打一顿。那仆人边打还边骂道："你何德何能，从我家门口路过竟不知下马？"

此后，德妃之父进宫向德妃告状，将责任全都推到杜如晦身上。德妃听了气不过，向李渊埋怨道："秦王的人凶狠无礼，竟然将我父亲暴打了一顿。"李渊闻言，怒气冲天地将李世民喊来骂了一顿："你这孽障，竟敢欺负到朕的妃子头上来。那平民百姓岂不更无活路？"李世民还没来得及辩白，就听旁边的嫔妃纷纷议论道："若是皇上宾天后秦王得势，我们可该怎么办才好？""太子仁善，不似秦王如此残暴。"

玄武事变

就这样，太子东宫与秦王府的矛盾越发深重，两方都在等待时机成熟将对方除之而后快。恰在此时，突厥来犯，李渊令李建成等人带兵退敌。李建成便和李元吉商议着借此将秦王府的人全部剿灭。李世民得知李建成等人的计谋后，决定先下手为强。

公元 626 年六月三日，李世民进朝面圣，将李建成和李元吉设计陷害自己的事情一一向李渊陈明。说到最后，李世民痛哭流涕道："儿臣对手足之情可谓是仁至义尽了，如今他们竟对我有了杀心。我怕到时到了黄泉路上，无颜面对那些死在我手下的败将。"李渊听了李世民的话，惊愕不已，恍然道："明日就让他们进宫来，我一定要问个明白。"

次日早上，李建成和李元吉奉命进宫面圣。来到玄武门时，他们明显感觉到此处杀机四伏，便立刻调转马头，想要往回走。

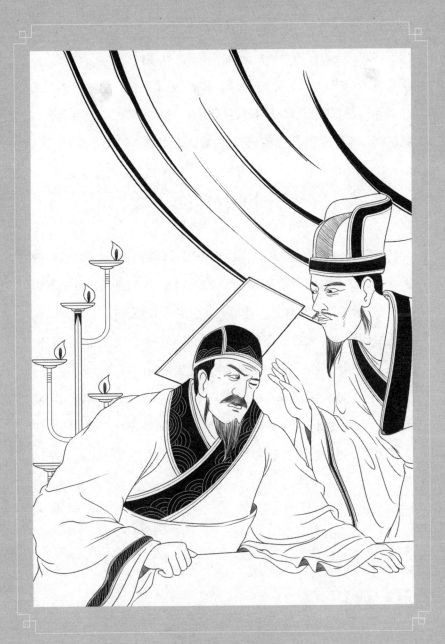

正在此时，李世民骑着马自玄武门出来，喊道："殿下，且慢。"李建成闻声停马，回头一看究竟。说时迟那时快，早就在此埋伏的长孙无忌和尉迟敬德领着精兵杀出，将李建成和李元吉围住。就这样，李建成和李元吉在玄武门被诛，史称"玄武门之变"。

李世民即位

李建成与李元吉死后，李世民派尉迟敬德进宫向李渊言明情况。李渊及一班朝臣正在宫里等待太子与二王的到来，谁知等到的却是一身戎装①的尉迟敬德等人。李渊吓得面如土色，便问尉迟敬德是何情况。尉迟敬德答道："太子与齐王造次，如今已被秦王诛杀。秦王担心陛下安危，特派臣前来护驾。"

一旁的宰相萧瑀听完道："太子与齐王本就毫无贡献，还嫉恨秦王，使用诡计。如今既然秦王已将他们诛杀，不失为好事一桩。"李渊思索一番，也知晓事到如今无法挽回，只好下令道："太子、齐王造次，二人的将士全归李世民管制。"不久后，李渊将皇位让于李世民。

---

① 戎装：指军装。

死于天谴的李元霸

在《说唐演义全传》和《兴唐传》等通俗小说、评书中常出现一个以李渊第三子李玄霸为原型创作的文学人物——李元霸。小说中，李元霸英年早逝，且死因离奇。

那年，赵王李元霸回到潼关时恰逢天空风云突变，电闪雷鸣。李元霸大怒，举锤指天喊道："你这天真是可恶，竟敢在我头上作响。"说着，将锤子向天上一扔。再一看，那四百斤重的大锤落了下来，正好砸中李元霸的面门，李元霸当场就被砸得跌落下马。

前来接应的柴绍见状吓了一跳，想要前去搀扶。就在此时，怪风突起，尘土飞扬，柴绍只能携众将士躲避。等到风停以后，柴绍便见原地只留有李元霸的金盔、金甲，而李元霸连人带马、带锤都消失不见了。

真实的"门神"秦琼

　　秦琼，字叔宝，是唐朝的开国名将，勇于当先，为唐太宗李世民立下了赫赫战功。在死后五年仍被李世民所追忆，是凌烟阁二十四功臣之一。后来经过传说、神话，成为家家户户供奉的门神，被世人所熟知。正史上对秦琼的描述并不多，而秦琼的形象在一定程度上被《隋唐演义》所改变。那么，秦琼到底是个怎么样的人？

年少英武得人敬

　　隋唐演义中，秦琼是武将秦彝①之后。秦彝在镇守马鸣关的时候被奸人所害，城破而不降，最后英勇就义。秦琼与母亲一起生活，虽然家里很穷，但秦琼却十分孝顺母亲，孝母似专诸。

①彝：yí。

历史中，秦琼为齐州历城人，其父任北齐咸阳王录事参军。隋末时期，秦琼只是隋将来护儿手下的一名小兵。当时秦琼母亲逝世，来护儿派人前去吊唁，军士们都觉得很奇怪，便问来护儿："兵士死亡或家属去世是很平常的事，将军从不过问，为何秦琼母亲去世却派人吊唁呢？"来护儿说："秦琼武艺超群，且志气节操高尚，他日必定能飞黄腾达，我怎能把他当平常人对待呢？"

后来，秦琼在张须陀手下帮其对抗盗贼，当时盗贼非常多，集结成军，统领为卢明月。卢明月手下兵马有十多万，而张须陀只有一万多人。在力量悬殊的情况下，张须陀让人离敌军六七里的地方建寨与卢明月对峙了十多天，眼看兵粮用尽，只好退军。张须陀知道：仓促退兵，敌军必定会派大军追击，那时候就会后方空虚，可以乘机攻打。但这么危险的事谁敢前去？危急之际，秦琼与罗士信挺身而出，分别带领一千军士藏于芦苇中。张须陀退兵，卢明月果然率大军出击。秦琼与罗士信则带人袭击他们的营地，但是敌人寨门紧闭，兵士们不能进入。于是秦琼与罗士信两人翻上城楼，各杀数人，拔掉了敌方军旗，敌人以为大军杀到，自乱阵脚。秦琼与罗士信又乘机杀掉守门士兵，打开了寨门，放自己的士兵进来放火烧寨。卢明月见后方着火，慌忙回兵，张须陀见敌方退兵便奋力反攻。卢明月大败，慌乱中带着几百人逃离。此战过后，秦琼名声远播。

辗转几度，终遇人杰秦王

勇于当先的秦琼在张须陀麾下屡立奇功，官升建节尉。后来，张须陀在与李密对战时战死，秦琼就带领士兵投靠了裴仁基，后又跟随裴仁基投降了瓦岗寨李密。李密知道秦琼英勇，对其十分敬重，任以骠骑将军。

李密与宇文化及大战，被箭所伤而跌落下马昏迷不醒，左右将士都逃走了，只有秦琼留了下来。他召集士兵奋战到最后，直到宇文化及退兵。后来李密失败，秦琼被隋军王世充收编，任命为龙骧大将军。但是秦琼鄙视王世充为人奸诈，并不为高官而屈身侍奉。于是他趁王世充外出，联合程咬金等人投奔了李唐。

离开了王世充，秦琼加入了李世民的手下任马军总管，那时的李世民还只是秦王。秦琼跟随秦王出征美良川，打败了尉迟敬德，高祖李渊赏赐秦琼金瓶以作褒奖。不久后，秦琼又被升为秦王的右三统军；接着秦琼跟随秦王大战宋金刚，胜后封上柱国。

讨伐王世充时，秦琼担任前锋。灭王世充后，被封为冀国公。秦琼为开创唐朝立下了赫赫战功，也在"玄武门之变"中支持李世民，帮助李世民诛杀了太子李建成和齐王李元吉。玄武门之变后，秦琼被封为左武卫大将军。

英雄晚年

晚年的秦琼并不好过，由于长年的征战，身上早已伤痕累累，因此晚年多病缠身。他对身边的人述说生平："我很年轻的时候就开始了戎马①生涯，一生中经历的战斗有二百多场，其中小伤不计其数，重伤多次，估计吐的血都有数十斗了。现在老了，怎么会不得病呢？"最后，秦琼因病去世，唐太宗追封其为徐州都督、胡国公，在墓前立石人、石马。

①戎马：从事征战的生活经历。

秦琼的战马和武器

在艺术作品中，秦琼的战马是黄骠马，其实并不然。秦琼的坐骑是忽雷驳，此马毛色青白相间，威武而雄壮。而且这马还有一个特点，那就是爱喝酒，不但不会喝醉，反而越喝越精神。秦琼死后，忽雷驳嘶鸣不食，最终跟随着主人离开了。

艺术作品中，秦琼以秦家锏闻名，但是实际上秦琼使用的是一杆重量十足的长枪。秦琼跟随李世民去征讨王世充，他把长枪插入泥墙之中。王世充派数个士兵下城想拔出长枪都无功而返；秦琼却轻而易举地把长枪拔出，然后轻松离去，可见其臂力惊人。

人君与人镜

  "以人为鉴，可以明得失。"唐太宗的这句名言想必已经家喻户晓了，而这句名言中所讲的人也可谓名扬四海。他向唐太宗劝谏向来都是知无不言，言无不尽，甚至多次把唐太宗气得咬牙切齿。他就是一代谏臣——魏征。

喜得贤臣

  玄武门事变后，有人向李世民弹劾一个名叫魏征的人，说此人曾参与李密和窦建德的起义军，后来又投奔太子李建成，还怂恿李建成杀害秦王。于是，李世民遣人将魏征带来。魏征到了后，李世民阴沉着脸问："你为何要挑拨我们兄弟的关系？"旁边的大臣们看李世民这架势，都觉得魏征在劫难逃了，可魏征本人却毫不在意，反而叹道："无奈太子不听我劝，否则又怎会落到如此地步呢？”

李世民听了这话不仅没有生气，反而敬佩魏征的胆识，便缓和神情道："既然事情已经过去了，我也就不追究了。"果真，李世民登基后没有为难魏征，还把他提升为谏议大夫。后来，李世民又提拔了一些之前追随李建成和李元吉的人当官。那些追随李世民的官员们可犯了嘀咕："我们自以前便追随皇上，现在皇上却选拔齐王和前太子的人，这是什么道理？"房玄龄将官员们的想法转告给李世民，李世民只说道："朝廷选拔官员，向来是为了治国安邦，自然是要任人唯贤，怎么可以任人唯亲？只要有才能就能得到赏识。"众臣听了这话才没再抱怨。

此后，李世民经常鼓励众臣把心中所想说出来。众臣们都渐渐放开胆来劝谏，特别是魏征，他考虑事情十分周到，直言敢谏，深受李世民信任。

劝谏不畏龙颜怒

由于皇上勤勉，君臣一心，大唐江山日益稳固。李世民十分高兴，他认为众臣的劝谏很有帮助，便对众卿道："治国就像治病一样，即使病好了，也要仔细调养，不能松懈。如今虽国泰民安，但我还得小心谨慎，唯恐不能长久，所以我还得多听你们的劝谏。"

魏征道："难得皇上能够居安思危，微臣必不辱使命。"从那以后，魏征的谏言便越来越多。

公元 628 年，魏征得知李世民有意纳郑氏为妃，而郑氏早已许配给了陆家。于是他急忙进宫，以"天子乃臣民之父母，需关爱子民，忧其所忧"为由劝阻李世民。公元 632 年，众臣皆建议李世民前往泰山封禅①，只有魏征持反对意见。后来因为适逢水患，封禅之事才不了了之。

魏征其人敢于犯颜直谏，为官期间屡次劝谏李世民，实为不可多得的谏臣。当然，他也常常因此惹怒李世民。

一日李世民下朝，怒气冲冲回宫后说道："终有一日，我必定要了这个乡巴佬的命。"长孙皇后闻言便问："是何人得罪了皇上？"李世民说："还不是那个魏征，总是在朝堂上和我抬杠。"长孙皇后随即退下，换好朝服后一脸肃穆地站在旁边。李世民不解地问："皇后这是干什么？"长孙皇后道："有言道，君主贤明，则臣子尽忠。如今正是因为陛下贤明，魏征才能直言犯谏。我作为后宫之主，该为陛下道喜才是。"李世民这才渐渐消气。

因为魏征说话毫不留情，所以李世民对他也十分敬畏。一日，李世民得了一只十分漂亮的鹞②鸟。他对那鹞鸟很是喜爱，便拿在

①封禅：古代帝王在太平盛世或天降祥瑞之时的祭祀天地的大型典礼。
②鹞：yào。

手里把玩了许久，舍不得撒手。这时候魏征恰巧从远处走来，李世民怕魏征唠叨，就赶紧把鸟儿藏在了怀里。不承想魏征早就看到了，他来到李世民面前故意说了许久的话，最终把鸟儿活活憋死在李世民怀里。

帝王人镜离世

公元 643 年，魏征因病逝世，李世民因此痛哭道："以铜为镜子，可以看到自己衣冠是否穿戴整齐；以历史为镜子，可以明白国家为何兴亡；以人为镜子，可以知道自己言行是否有不妥之处。如今魏征死了，我就好比失去了一面好镜子。"

望陵毁观

公元 636 年，长孙皇后去世，被葬于昭陵之中。唐太宗由于思念皇后，便在禁苑里建了一座高台，以便登高遥望昭陵。

一天，唐太宗带着魏征登上高台，想引他一同远眺昭陵。魏征心中觉得唐太宗的行为并不妥当，有心劝谏却并未明说，只道："微臣老眼昏花，看不清。"唐太宗便给他指明了昭陵的位置。魏征又道："微臣还以为皇上是因为思念太上皇才建此台远眺。如果您是说皇后娘娘所葬的昭陵，臣早就看见了。"唐太宗听了这话，心知自己做法不妥，便命人毁了高台，不再登高远眺昭陵。

东土大唐来的高僧

说起四大名著之一的《西游记》，想必应该是无人不知，无人不晓。《西游记》里描述了来自东土大唐的高僧唐三藏带着三个徒弟一路长途跋涉，历经九九八十一难前往西天取经的故事。不过，你可知道，唐三藏在历史上确有其人……

玄奘请愿西天取经

洛州缑①氏人玄奘自幼便在净土寺里潜心研究各类佛经和辩论技巧，由于他极其擅长佛学中的《经藏》《律藏》《论藏》，所以又被称为唐三藏。唐朝初年，玄奘前往蜀中学习佛学，后又辗转到荆州、扬州、苏州、相州等地。他四处寻访名师，谨慎好学，

----
①缑：gōu。

得到了全国各地得道高僧的称赞。

玄奘在各地讲筵①听讲，也见识到了不同汉文佛经版本之间的矛盾以及佛教教义的混乱不清。为了解决心中的疑惑，玄奘生出了前往佛教起源地——天竺去求取佛经真经的想法。

公元627年，玄奘结侣上书向唐太宗请愿，想要西行求法。然而唐太宗却并不同意，于是玄奘决定偷偷前往天竺。两年后，玄奘携两个弟子随些许商人自长安启程，踏上了西天取经之路。

道阻且长的求经之路

玄奘一行人离开玉门关后，只见眼前是一望无际的沙漠。沙漠天气十分恶劣，白天热浪袭人，夜里寒风凛冽，毫无生机可言。最糟糕的是，玄奘喝水时竟然不小心将水囊打翻在地，水全都洒了。在大漠中，玄奘一连走了五天，最终坚持不住晕倒在地。不知过了多久，他渐渐清醒过来，然后又挣扎着继续前行。好在走了没多久，便看到眼前有一片绿洲，绿洲上生机勃勃，还有清澈的水池。玄奘急忙跑到水边痛痛快快地饮了起来，这才避开了渴死的危机。

历经半个多月的长途跋涉，玄奘终于穿过了近千里的沙漠，到达了高昌国都。高昌国国王赏赐给他很多衣物、干粮，还有挑

①讲筵：为讲经、讲学的处所。

夫以及三十匹马。此外，国王还亲自给沿途各国写信，让他们好好招待这位历经千辛万苦赴西天取经的高僧。

离开高昌国后，玄奘与同伴又整整走了一年的时间，终于来到了天竺。他慕名前往天竺佛教中心以及最高学府——已有七百多年历史的摩揭陀国那烂陀寺。那烂陀寺的主持是一位年过百岁的高僧——戒贤。戒贤对玄奘不畏道途险阻、历经艰辛来到天竺求学的精神深感敬佩，便破例将玄奘收为弟子，并重新开讲筵为玄奘答疑解惑。玄奘在他的指导下日日勤奋钻研，没几年就成了一名优秀的僧人。

玄奘回朝

据传，戒日王曾在曲女城为玄奘举办了一场佛法辩论大会，共有十八个国家的国王、三千多名大小乘佛教学者出席了这次大会。玄奘结合自己的所见所闻，以新颖的说法重新对佛经和佛法进行诠释，在场听讲的人听得如痴如醉，心悦诚服。此后，戒日王特地请玄奘留下，却被玄奘婉言拒绝了。戒日王无奈，便只能请玄奘参加历时七十五日的无遮大会。会后，戒日王亲自遣兵护送玄奘回国，并请沿途各国派人接连相送，一直将玄奘送回了唐朝的国界。

公元 645 年，玄奘终于回到了长安。他回到长安当日，长安城内万人夹道①相迎。正在洛阳的唐太宗获悉后，特地委派房玄龄将玄奘接到洛阳。

面见唐太宗后，玄奘把自己取经途中的见闻一一说给唐太宗听，唐太宗为玄奘坚持不懈的精神所感动。于是没多久，玄奘在唐太宗的支持下，开始翻译佛经。玄奘用 19 年的时间，翻译了 1335 卷佛经，共计 1300 多万字。翻译佛经的工作让玄奘耗尽心力，公元 664 年，玄奘在玉华寺与世长辞。除了大量的汉译佛经，玄奘还为后世留下了他与他人一起编撰的一部记录他取经途中的一百多个国家和地区的风土人情、风光古迹的《大唐西域记》。

①夹道：排列在道路两侧。

◉ 相关链接：

迦毗罗太子创下佛教

佛教于公元前 6 世纪，由悉达多·乔达摩所创。相传，悉达多·乔达摩原本是尼泊尔境内迦毗罗卫国的太子。在他二十九岁那年，他深刻感受到印度婆罗门教种姓制度的不合理，下层百姓深受生老病死的煎熬，于是便决定离家出走。到了三十五岁时，他终于得道，受到了贫苦百姓的推崇。悉达多·乔达摩是婆罗门教的种姓神传说的坚决反对者，他为此提出了"众生平等"的理念，并大力推行佛教。后来，佛教在印度得到了很好的发展，悉达多·乔达摩被教徒们尊称为释迦牟尼。

东宫风云之变

在古代，帝位的传袭一般都是按照立嫡立长的原则，因此身为嫡长子的李承乾可谓是一出身便握了一手好牌。然而，就算天生占据有利优势，李承乾最终还是落得被贬为庶民的下场。他是如何将一手好牌输得一塌糊涂的呢？

太子初立

公元626年十月，唐太宗李世民依据立嫡立长的原则，将长孙皇后所生的皇长子李承乾立为太子。李承乾聪明伶俐，且积极上进，又识大体，广受朝臣好评，因而深受太宗喜爱。

公元630年，李世民将太子少师李纲升为太子少保，又命御史大夫萧瑀①任太子少傅，官拜正二品。李纲与李承乾二人，为师

---

①瑀：yǔ。

者严格，为徒者虚心认真，李世民见了十分欣慰，并常常命房玄龄对太子多加指点引导。同年五月，李世民命李承乾旁听审案，希望能够培养他的理事能力。

李承乾之变

然而，因为李承乾自幼在深宫长大，从小养尊处优，便慢慢染上了奢靡、游手好闲的恶习，生活也越来越颓废。公元631年六月，老师李纲离世，李承乾便在变坏的道路上越走越远，甚至将新老师李百药气得请求辞官。后来，唐太宗又派遣名士杜正伦、经学家孔颖达和张玄素任太子右庶子。

恰在此时，李承乾的脚得了病，无法医治，导致他成了跛子；再加上他身边围绕的都是一群小人，在那些人的影响下，李承乾完全被同化成了一个只顾奢侈享乐的人。而杜正伦则受李承乾不思进取的牵连，被李世民贬为州官。

这时的李承乾还有了一种新的爱好：他特地造了个八尺铜炉和一口特别大的锅，聚集一群无赖一同去偷百姓的牲畜，然后亲自烹煮与大家一起吃。

一日，李承乾想出了一个新玩法：他自己身着突厥服饰，然后选了几个长得像突厥人的仆人，把仆人每五人分为一组。让这些仆人都梳着突厥的辫子，身着羊皮服饰，假装在牧羊。李承乾则高举突厥的五狼旗，坐在搭好的帐篷里，用大锅煮羊，用佩剑割着吃。吃饱以后，李承乾又突发奇想，对部下道："我就演可汗死了，你们则模仿突厥的习俗办理丧事。"说罢，他就真的像死人一般躺下。部下们随即痛哭流涕，围着李承乾转圈，并依据突厥的习俗，扑到他身上，用刀划自己的脸，任由血流满面。李承乾玩得兴起之时，竟大喊道："有朝一日若我登基，必定要带着几万骑兵前往金城西打猎。到时候我就把束发解开，做个突厥人，并去阿史那思摩那儿混个小官当当。如果他封我为将军，我必能有所成就。"李世民得知此事后，气得将李承乾骂了个狗血淋头。

魏王李泰看到太子成日沉迷于玩乐，不思进取，脚还跛了，心里便暗暗打起了小算盘。他乘机收买权贵，培养党羽①，准备伺机夺位。李承乾当然也洞悉了李泰背地里的小动作，于是便总向李世民诋毁李泰，兄弟二人的关系剑拔弩张。

后来，李承乾宠幸府中男乐童称心的事惹得李世民勃然大怒。李世民盛怒之下，将称心等人悉数诛杀，还狠狠地将李承乾责骂了一通。李承乾觉得是李泰向父亲告密，心中更加怨恨李泰。

---

①党羽：多指恶势力集团中的附从者。

父子矛盾

与此同时，李承乾觉得自己是个跛子，父亲对自己不喜，太子之位岌岌可危。于是他就装作身体不适，避开早朝，公然对抗李世民。

他得知大将侯君集心中怨恨李世民，便几次找他进宫探讨如何自保。侯君集见李承乾昏庸无能，就怂恿他谋反，弑父夺位。侯君集道："殿下不如假装卧病在床，然后在枕头下放一把刀。等到皇上来看望你时，你就乘机杀了他。"

其他诸如汉王李元昌、死党杜荷、心腹纥①干承基等人也连声附和怂恿李承乾。就这样，太子谋反行动开始紧锣密鼓地准备起来。谁知公元643年二月，齐王李佑在齐州造反；同年三月，兵部尚书李勣②奉命带领兵马前去剿灭叛军。

后来齐州叛军被平，李佑被押回京，并于内侍省赐死。在审问齐王谋反时，纥干承基也被牵扯其中。为了将功抵罪，求得减刑，纥干承基向大理寺供出李承乾密谋造反的方案。李世民闻知后十分惊骇，遂令长孙无忌、房玄龄、萧瑀、李勣与大理、中书、门下等一起进行审判。经过探查，李承乾意图谋反的证据确凿。

---

①纥：hé。
②勣：jì。

李世民下令将李承乾贬为庶民，囚于右领军府，然后又令涉身其中的汉王李元昌自缢。

● 相关链接：

逾越礼制的宠爱

唐太宗对李泰十分宠溺，甚至一度逾越礼制。有时候只是区区一天不见，都要与李泰书信来往。据载，李泰其人肥胖无比，唐太宗疼惜爱子，生怕肥胖的爱子在上朝参拜时受累，便下旨准许李泰乘小轿前来朝所，如此做法可真是前所未见。后来有一次，有人向唐太宗进言称魏征、房玄龄等人对魏王不敬。唐太宗闻言十分生气，随即将他们召进宫来质问。而后，唐太宗也承认自己确实因私爱忘公。

太子之争

李承乾被废后，朝堂众臣们分为了晋王派和魏王派，重新册立储君成了唐太宗的一大难题。这辛辛苦苦打下的江山，该交给聪敏绝伦的魏王李泰还是仁善懦弱的晋王李治？

魏王争宠

李承乾被罢黜后，魏王李泰便日日进朝伺候皇上，深得李世民的喜爱。所谓国不可无储君，李世民便考虑将李泰立为太子。与此同时，岑文本等人也力荐李泰为太子。然而长孙无忌和褚遂良却并不这么认为，相比李泰，他们更看好晋王李治。因此，李世民迟迟未能下诏重立太子。

李泰为了能够让李世民下定决心将他立为太子，便对李世民道："父皇，我承诺，将来我若有了儿子，到我离世时，便一定杀了那孩子，将皇位传给九弟晋王。"

李世民闻言不禁悲伤道："谁人都会疼惜自己的孩子，你这么说，着实令我心酸。"

次日，李世民把李泰的话说给褚遂良听。褚遂良立刻反驳道："陛下，这个世上哪有登基后杀子传弟的道理？之前就是因为您过度宠爱魏王，才导致废太子李承乾之反。如今您若是要立魏王为太子，不如先处置了晋王，才能保住魏王的太子位置。"

李世民听了，心中有所顿悟，说道："如今你让我无缘无故杀了自己的亲骨肉，我实在做不到啊。"说完便一脸忧伤地回后宫去了。

李泰生怕父亲会将晋王立为太子，就决定前去恐吓弟弟一番，好让他自行退出储君之争。他偷偷来到晋王府威胁李治："你与李承乾一起密谋造反，如今李承乾事情败露，你难道不担心会受到牵连？你要知道，你随时可能因此而被治罪。"这可吓坏了李治，李治连忙道："我实在冤枉，太子谋反的事与我无关。"

李泰冷笑道："你就等着治罪的那天吧！"说完便转身离开了晋王府，只留下被吓得不知所措的李治。

接下来的几天里，李治日日愁眉不展，每次见到李世民时，他都把头埋得很低，并且支支吾吾，一脸惶恐。如此明显的不对劲，李世民怎么可能看不出来？在李世民的一再追问下，李治才将李

泰威胁他的话一一说了出来。李世民得知此内情，心中对李泰愈发不满。

新太子择定

这日，李世民于两仪殿召见众臣，商讨立太子之事。两仪殿内，魏王派和晋王派吵得不可开交，最终还是没能确定太子人选。于是李世民将众臣屏退，只留下长孙无忌、房玄龄、褚遂良和李勣四人。

李世民心力交瘁道："如今我三子一弟都丝毫没有仁孝之心，个个大逆不道，我真是痛心疾首。"说罢，便用头撞墙。这可把四位大臣吓得惊慌不已，他们赶紧上前抱住李世民。李世民一脸忧心地蠕动着嘴唇，却欲言又止。长孙无忌见状问道："陛下，可是有话要说？"李世民道："如今这些人个个都是大逆不道之辈，我该当如何啊？"长孙无忌答道："依老臣之见，现在该将晋王立为太子。"李世民十分忧心："这或许是个好办法。要是将李泰立为太子，将来他势必会杀了承乾，但是若是李治登基，则李泰和承乾都能活命。只是李治实在太过优柔寡断，我真是不知要如何选择。"长孙无忌接着说："无论如何，立储乃是大事，必须要尽快决定，免得将来会有更大的纷争。"李世民咬了咬牙道："那就将李治立为太子！"说罢，李世民又忧心忡忡地道："我如今将晋王立为太子，只是不知外面的人会怎么评论？"长孙无忌道："新太子仁孝，支持晋王者甚多。陛下大可问问众臣的意见，若有反对者，我宁愿以死谢罪。"李世民听了这话才稍稍宽心。

公元643年，李世民驾临承天门，下旨将李治封为皇太子。

李治的小名为何叫雉奴

相传文德皇后在怀李治的时候，有一次做梦，梦中一位捕鸟人用网网住了许多野鸡和斑鸠，这些野鸡和斑鸠中竟然混杂着一只鹦鹉。他把自己的这些收获全都拿到集市上贩卖，有个男孩以一锭金子将这些小鸟全部买下，到山中放生。

那只鹦鹉向西南飞去，一路飞越高山峻岭，直至消失不见。文德皇后醒来以后，叫了一声："雉奴！"后来李治出世，其小名便为雉奴。

历史上真正的徐贤妃

李世民的后宫广为人知的莫过于两个人，一个是早逝的贤能皇后——长孙皇后，另一个则是后来君临天下的武则天。但是，还有一个人也不能被忽略，那就是深受李世民宠爱的徐贤妃，一个真正的贤妃。

才情扬天下

唐朝果州刺史徐孝德有女，名徐惠。相传，徐惠出世才五天便能说话，四岁便已经通晓《论语》与《毛诗》，到了八岁更是能写得一手好文章。后来有一次，父亲徐孝德想要测试她，便让她依照《离骚》的诗体写一首诗。结果，徐惠竟真的在片刻内挥笔写下一首《拟小山》。待到十三岁时，徐惠就以其才情享誉全国。唐太宗李世民闻知她的才名，随即降旨将她纳入宫中为才人。

入宫后，宫中的藏书成了徐惠的精神食粮。她勤奋好学，手不释卷，因而才学与见识都有了很大进步，所写的文章也愈发优美。见到徐惠如此敏而好学，李世民心生欢喜，对她便愈发体贴。没多久，徐惠便从小小的才人一举跃升为婕妤，紧接着又跃升为八品充容。如此飞速的晋升足见李世民对她的宠爱。

贤惠得君心

当然，徐惠能得到李世民的宠爱绝不仅仅是因为她极富才情，更是因为她人如其名，贤惠无比，经常劝谏李世民。当年长孙皇后便常常劝谏李世民，而今长孙皇后已逝，李世民又得到了贤惠如先皇后的徐惠劝谏于他，自然是视为瑰宝。

贞观后期，李世民变得好大喜功，常常挥兵进军高句丽，还四处大兴土木，修建宫殿，闹得百姓怨声载道。为此，徐惠特地于公元 684 年四月草拟了《谏太宗息兵罢役疏》呈给李世民。

这份奏疏中，徐惠从息兵罢役、停修土木、戒奢三个方面劝谏李世民，并举秦始皇吞并六国，反而加快秦国灭亡等事为例。全疏有理有据，文采斐然，逻辑清晰，掷地有声。李世民仔细阅读后，犹如醍醐灌顶 [①]，深有感悟，便接受了她的进谏，并重重奖赏了她。

不得不说，徐惠有如此长远的政治见地，确实比后宫中只懂得争风吃醋、争宠夺爱的其他嫔妃要得君心得多。

红颜薄命

公元 865 年，李世民驾崩，徐惠因此悲痛不已，没多久便病倒在床。她一心追念陛下，拒绝接受诊治，她说："先帝优待于我，而我现在最大的心愿就是能到先帝的陵寝里服侍先帝。"

病危时她还写下情诗，以表达自己对李世民的追思与爱意。一年后，徐惠离世，追随李世民而去，年仅二十四岁。

她的贤德深深感动了唐高宗李治，李治下旨将其追谥为贤妃，并依照其遗愿，将其葬在昭陵。

---

①醍醐灌顶：醍醐，tí hú，酥酪上凝聚的油。醍醐灌顶，用纯酥油浇到头上。佛教指灌输智慧，使人彻底觉悟。比喻听了高明的意见使人受到很大启发。也形容清凉舒适。

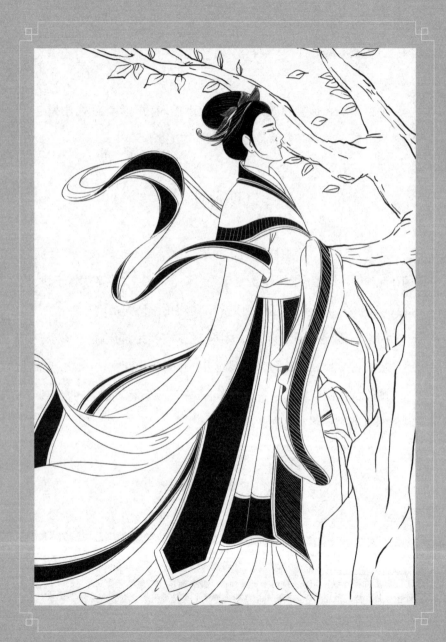

逗乐唐太宗的"进太宗"

相传某次，李世民遣人召徐惠前来觐见。按理来说，嫔妃得知皇上召见，应当欢天喜地迅速赶到，可是徐惠却迟迟没来。李世民等她许久，心中不免有些烦闷。等到徐惠姗姗来到时，李世民已经面露不快。徐惠自然知道李世民是在恼她，于是她挥笔写下一首"进太宗"诗："朝来临镜台，妆罢暂徘徊。千金始一笑，一召讵①能来。"

诗中流露出一股小女人的娇嗔，尤其是那句"千金始一笑，一召讵能来"竟有埋怨之意，说别人一掷千金为博美人一笑，而李世民一声召见便把她招来。李世民读完诗，不由得哈哈大笑，先前的不快也一扫而去。

---

①讵：jù。难道；岂。

白袍小将薛仁贵

贞观年间最有名的战将之一便是常胜将军薛仁贵，他历经众多战役，仅有一场败绩。纵观薛仁贵的一生，曾身居高位，也曾因败被贬，十分传奇。那么，出身贫寒的他是如何一步步成为名垂千古的大将军的？后来又为何战败被贬，在仕途之路上起起伏伏？

穷小子应征入伍

薛仁贵自幼家境贫困，但他生得一个大胃口，一身大力气。普通财主虽看好他的力气，却又负担不起他的饭量，便不雇佣他。因而，薛仁贵时常挨饿。直到后来，终于有一家柳姓财主愿意将他雇为长工，他才有了饭吃。可是谁知，柳家小姐看上了薛仁贵，还与他有了私情，事发后，两人被赶出家门，住在白虎岗的一处窑洞里。

有一年，薛仁贵穷得实在没办法了，便想帮父母迁坟，以期改换风水。柳氏得知后，便激励他道："能干的人应该懂得把握时机，如今皇上御驾亲征，正是朝廷用人之际。你何不从军求个功名？等你衣锦还乡，再考虑迁坟也不迟啊。"受了妻子的激励，薛仁贵便只身前往新绛城投靠张士贵将军，应征入伍。

薛仁贵本来就有一身好武艺，加之又心急想要建功立业，因而从军后便异常骁勇。他随军来到辽东安地，恰巧碰上刘君邛①将军受敌人围困。他一马当先，直接取了敌将首级，解了刘君邛的围困之急。

在进攻安市城时，高丽大将高延寿带了二十万兵马，抢先占了有利位置驻扎下来，与唐军分庭抗衡。李世民随即领众将兵分几路抗敌，薛仁贵心知此时正是他建功立业的机会，便披上耀眼的白袍，挥舞长戟，怒吼着上阵杀敌。

战场上，薛仁贵英勇出色，很快便引起了李世民的注意。李世民问："那位白袍小将是何人？"旁人答道："此人是薛仁贵。"战斗结束后，李世民召薛仁贵觐见，并对他赞不绝口，赏了他不少财宝、俘虏与战马，并封他为游击将军、云泉府果毅。

班师回朝后，李世民更是将薛仁贵视为神兵勇将，并有意要

---

①邛：qióng。

将征伐大事交付于他。

三箭定天山

公元 661 年，一贯与唐交好的回纥[1]因新君继位而与唐交恶，李世民命薛仁贵与郑仁泰带兵前去天山征讨。薛仁贵与郑仁泰带兵来到天山后，见九姓回纥带了十多万兵马前来抵抗，并遣了几十个骁勇善战的骑士来到阵前应战。薛仁贵一马当先来到阵前，连发三箭射杀了其中三位骑士。其余骑士见此情况，吓得纷纷下马求饶。薛仁贵乘胜追击，把九姓回纥杀得人仰马翻。

紧接着，薛仁贵又从碛北[2]追击败兵，将首领三兄弟全部擒拿。这场战役中，薛仁贵大获全胜，军中也留下了"薛仁贵三箭定天山"的英勇事迹。从此之后，九姓回纥已然不成气候。

公元 666 年，唐赴高句丽的使臣庞同善被高句丽军突袭。薛仁贵闻讯赶来，击杀了数百敌军，救了庞同善一命。谁知没多久，庞同善与高品来到金山时又被高句丽军突袭。薛仁贵再次相救，斩了五千多敌军，并乘胜攻克高句丽南苏、木底、苍岩等地。接着，薛仁贵又带两千兵马进军扶余城。这场战役中，他以少敌多，

①回纥：纥，hé。回纥，中国的少数民族部落，维吾尔族的祖先。
②碛北：碛，qì。碛北，旧称蒙古高原大沙漠以北地区。

杀了一万多敌军，攻下扶余城。一时间，扶余川四十多城纷纷闻风而降。此后，薛仁贵又与李勣会兵，一同平定了高句丽。

由于战功显赫，薛仁贵受封为右威卫大将军，赐号平阳郡公兼安东都护。

起起落落的仕途

公元 670 年，唐朝任命薛仁贵为逻娑道行军大总管，阿史那道真与郭待封为副手，护送吐谷浑王回青海。薛仁贵领兵先行来到河口，大破吐蕃数万守军，收获颇丰。于是他又回军到乌海，想等待郭待封的援军到来。不想那郭待封生性狂傲，不肯听命于薛仁贵，竟故意拖慢行军进程。等他们来到乌海时，竟反被吐蕃击溃，辎重与军粮皆被吐蕃军掠夺得一干二净。失去了辎重与军粮接济，薛仁贵只能退军。就在此时，吐蕃又调遣了四十万军马前来，将唐军杀得大败。薛仁贵无奈，只能与吐蕃约和、退兵，吐谷浑沦陷，薛仁贵因此被削职为民。

没多久，高句丽又有叛军作乱，薛仁贵再次受朝廷起用。只是后来又因事被贬至象州，直到朝廷大赦天下，薛仁贵才得以回归。公元 681 年，唐高宗李治念及薛仁贵之功，便召见薛仁贵，重新任他为瓜州长史，右领军卫将军，检校代州都督。公元 682

年，薛仁贵领命征讨突厥，并大获全胜，俘获三万人以及驼马牛羊三万匹。

公元683年，年已古稀①的薛仁贵离世。朝廷追封其为左骁卫大将军、幽州都督，还特地造一灵舆②，护送其尸骨回归故里。

①古稀：指七十岁。
②灵舆：灵车。

应梦贤臣

　　据传，有一日唐太宗做噩梦，梦见自己被渤辽兵马追杀。危急之下，一位身穿白袍的小将将他救下。军师徐茂公为唐太宗解梦道："这梦中的白袍小将是国之栋梁。"后来在辽东征战时，突然出现的白袍小将薛仁贵的表现与唐太宗之梦相吻合。唐太宗喜得虎将后，便将薛仁贵奉为自己的应梦贤臣。不过此事只是一个传说，正史中并未记载。

文成公主入藏

对于两国建交而言，和亲是最常见的外交手段。唐玄宗时期，文成公主便是唐朝与吐蕃之间的外交纽带。历史上，文成公主入藏为吐蕃、唐朝双方都带来了极大的利益。但是，这场和亲一开始却并没有那么顺利。

松赞干布再三请婚

公元634年，吐蕃赞普松赞干布派使者出使大唐。为表示友好，唐太宗李世民便派冯德遐出使吐蕃。后来，松赞干布再次遣人到大唐，并向李世民提出和亲请求，然而李世民并不同意。那时，恰逢吐谷浑王诺曷钵朝见大唐天子。于是吐蕃使者便向松赞干布禀报说："唐朝不同意将公主嫁予您是因为诺曷钵从中作梗 ①。"

①作梗：指从中阻挠使其不得进行。

公元 638 年，松赞干布以诺曷钵阻挠吐蕃与唐朝和亲为由，起兵一路将吐谷浑、党项和白兰羌悉数击败，直抵唐朝松州，并大放厥词道："如果大唐仍不同意和亲，我便带兵进攻唐朝。"面对敌人如此挑衅，唐朝派牛进达带领先锋部队将吐蕃军杀得节节败退。松赞干布心知自己不是唐军对手，便赶着在侯君集率主力部队到达之前退兵，并派使者入朝谢罪。然后他又再次向唐朝请婚，还让禄东赞带五千两黄金和同等数量的珍宝正式下聘。

文成公主入藏

这一次李世民同意了松赞干布的请婚，他选了一名宗室之女封为文成公主，于公元 641 年正月十五嫁于松赞干布，并派江夏王李道宗护送文成公主前往吐蕃。就这样，文成公主一行人自长安启程，路经西宁，一路颠簸抵达了拉萨。

松赞干布为表诚意，带领群臣一起在柏海迎接文成公主，见到江夏王后行子婿之礼，十分恭敬。文成公主是宗室之女，非名正言顺的帝女，但是她却深受松赞干布的宠爱，在吐蕃的地位十分尊贵。松赞干布特地为她修建了布达拉宫，共计一千间宫室，可谓金碧辉煌、气势磅礴。文成公主对吐蕃的赭面①习俗不甚喜欢，

---

①赭面：以赤色涂脸。亦指以赤色涂红的脸。

松赞干布便下旨严禁赭面。

文成公主的到来使唐蕃一同踏入了外交的新时代，打开了唐蕃外交友好局面，使臣、商人来往十分频繁。松赞干布仰慕中原的文化，便改穿丝绸衣物，并遣贵族子弟到长安国学读书。后来李世民伐辽凯旋，松赞干布遣人将金鹅送予李世民，以示庆贺和尊敬。

公元649年，李世民驾崩，李治继位，派遣使臣前往吐蕃报丧，将松赞干布授为"驸马督尉"，号"西海郡王"。松赞干布遣人去长安吊唁①，送十五种金供于太宗墓，并朝贺新君登基。李治便又将其升为王，刻像置于昭陵之前。

公元650年，松赞干布离世，文成公主没有返回中原，选择留在西藏。她善待藏族人民，深受当地百姓的爱戴。她还曾参与设计和建造大、小昭寺，在她的帮助下，吐蕃人渐渐掌握了汉族的研磨、纺织、陶器、造纸、酿酒等工艺。由文成公主所引进的诗文、农书、佛经、史书、医书、历法等书籍为吐蕃的文化和经济发展提供了强有力的支撑，她所带来的金质释迦佛像也一直深受藏族人的崇拜。

公元680年，文成公主因病去世。吐蕃王朝将其风光大葬，唐朝也派使臣前来吊唁。

①吊唁：祭奠死者并慰问其家属。

日月山和倒淌河

传说，当年文成公主向父母拜别后，长途跋涉来到荒漠高原之上。她想着此去背井离乡，与亲人相见遥遥无期，不由得十分思念远在长安的父母。她突然想起母亲在临别时赠她的一面"日月宝镜"，说当她思念家人时便可从镜子里见到母亲。于是她赶紧将"日月宝镜"拿出来看，可是她从镜子里看到的却并不是母亲，而是憔悴的自己。

文成公主一气之下便把镜子扔到地上，镜子落地后竟变成了一座大山。这座大山正好挡住了一条向东流逝的河水，从而使河水倒流。这就是著名的倒淌河，而这座大山就是日月山。

从尼姑到一代女皇

　　武则天，一个极其传奇的女人。她曾是唐太宗李世民的武才人，曾是感业寺的尼姑，也曾是唐高宗李治的武皇后，她更是历史上唯一一位名正言顺的女皇帝。当铅华洗尽，她留下的是一块引人遐想的无字碑……

尼姑回宫

　　武则天是武士彟①和杨氏于公元624年所生，武士彟做的是木材生意，家境富有。后因其在隋朝末年与唐高祖李渊相识，并多次为李氏军马资助财粮等物，故唐初受封为官，迁至荆州都督，拜应国公。

　　公元638年十一月，唐太宗李世民听闻武则天才貌双全，便

────────

①彟：yuē。

将她纳为才人，赐号为"武媚"。后来李世民离世，按照规定，所有未生育过的嫔妃都要削发为尼，武才人自然也在此列。公元649年，武才人与其他未生育的嫔妃一起入长安感业寺削发为尼。

当时，唐高宗李治与武则天之间藕断丝连，加之宫中王皇后为了与萧淑妃争宠，多次劝李治接回武则天。于是公元615年，孝服①期满的李治将武则天从感业寺接回宫中。那时武则天已怀有身孕，一回宫便产下了她与李治的长子李弘。公元616年，武则天受封为二品昭仪。

然而武则天并不满足于区区昭仪之位，便开始将魔爪伸向王皇后以及萧淑妃。武则天工于心计，王皇后和萧淑妃自然不是她的对手。她们屡屡落败，慢慢失宠。

公元655年六月，宫内流传出一个谣言，说王皇后嫉恨武则天受宠，与母亲柳氏一起找来巫师擅用厌胜②之术诅咒武则天。李治闻知此事勃然大怒，也不查明证据，直接将柳氏赶出宫去。此外，李治想将武则天升为宸妃，但是宰相韩瑗及来济两人连连阻挠，故没有册封。

那时，朝廷被长孙无忌和褚遂良等人把控，李治的皇权受到很大的限制。因此，李治有了废黜皇后另立武则天为后的想法，

①孝服：指为尊长服丧的时期。
②厌胜：古代方士的一种巫术，谓能以诅咒制服人或物。

以此来削弱长孙无忌等老臣的权力。没多久，中书舍人李义府洞悉李治有意"废王立武"，便与许敬宗等人一起递上奏疏，请求立武则天为后。又有功臣元老中的李勣说了一句："此乃陛下家事，何必问外人？"因此李治终于得以扭转当下的不利局面，将武则天立为新后。

步步为营登皇位

武则天掌握后廷后，便残忍地虐杀了王皇后与萧淑妃，并将自己的儿子李弘推为太子。此后，她还为李治出谋划策，先后将褚遂良、韩瑗、来济等人罢黜，最后甚至将长孙无忌也除去，帮李治收回皇权，给关陇门阀沉重一击。

之后武则天开始帮助李治处理政务，并慢慢掌握朝政。公元675年，李治身染风眩头痛之症，朝政大事几乎都交与武则天处理。公元683年十二月，李治病逝，太子李显登基。然而，李治的遗旨中命太后武氏摄政①，负责处理军国大事，因而朝中的朝政大权一直掌握在武则天手中。公元684年二月，武则天将李显贬为庐陵王，另立幼子李旦为帝。不过李旦登基后，朝中大权仍握在武则天手中。武则天摄政期间，力排异党，牢牢把控住大唐

---

①摄政：指代国君处理国政。

江山。

公元 690 年，武则天下旨将国号改为周，并改元天授，将睿宗李旦定为皇嗣，赐为武姓。至此，六十七岁的武则天君临天下。登基后的武则天十分重视农业发展，并继续推行轻徭薄赋、与民休息等政策。此外她还广纳贤言，尊敬所有直言敢谏的臣民。凡有直言敢谏者，即使有所冒犯，也可宽恕。

武则天为帝期间还延续了贞观年间对贪官污吏的整顿和严惩政策，注重拔擢①贤能，并扶植庶族地主出身的官僚，大力发展科举制，沉重打击了旧门阀制度。在她的统治下，唐朝经济得到了很好的发展，可谓国泰民安。

退位传子

不过人无完人，武则天也是有缺点和错误的。到了晚年，武则天日渐奢侈腐化，荒淫无度。她喜欢大兴土木，修建宫殿与佛寺，导致朝堂也随之腐化。加之为了镇压异己，她亲近贪赃枉法的酷吏，甚至不惜滥杀无辜。一时间，人人敢怒而不敢言。

公元 705 年，武则天病危。于是宰相张柬之、崔玄暐②等人联

---

①拔擢：擢，zhuó。拔擢，选拔提升。

②暐：wěi。

合众臣一起领禁军逼宫，逼武则天迁居上阳宫，并拥护李显重登帝位，复国号为唐。

同年十一月，武则天病逝。她在遗诏中要求去除帝号，改为则天大圣皇后，与唐高宗李治合葬于乾陵；并赦免王皇后、萧淑妃的族人以及褚遂良、韩瑗的亲属。

● 相关链接:

不受宠的武才人

在历史上唐太宗对武则天并无过多宠爱,甚至还有些冷落。究其原因,是因为武则天虽然外表柔美,但是却性格刚硬,而唐太宗比较喜欢像长孙皇后那样温柔贤淑的女子。

据载,唐太宗曾有一匹狮子骢。这狮子骢性子极烈,无人能驯。当时武则天对唐太宗说:"臣妾能制服它,但臣妾需要三样东西。一为铁鞭,二为铁锤,三为匕首。一开始以铁鞭打它,若它不服则用铁锤锤它的头,若再不服,就用匕首杀了它!"后来,她果真这么对那匹狮子骢,并且真的杀了它。唐太宗与众大臣见了大为惊骇,心中愈发不喜武则天。

女子乱政那些事

自古以来，朝廷便有规定，不许后宫干涉政务，然而这样的规定却常常难以贯彻。后宫女子、公主干政的事情时有发生，而干政之后紧随而来的便是乱政，唐朝也不例外。其中比较著名的女子乱政事件当属韦后、太平公主等人。

韦后之乱

李显即位后，其妃韦氏也于次年被封为后。然而没过多久，李显便被武则天所废，李显夫妻二人无奈迁往房州。在此期间，韦氏和李显风雨共济、同甘共苦，建立了深厚的感情，李显对这位糟糠之妻的信赖程度可想而知。

公元705年，李显重登皇位。为了表示对妻子的信任与回报，李显特准韦后可垂帘听政。此后，李显又任命曾在武则天时期掌管文书的上官婉儿负责撰写诏令，拜武三思为相。就这样，武、韦专政集团就此建立，横霸朝堂。武三思还与韦后、安乐公主一同设计陷害朝堂上诸如张柬之、敬晖等功臣。而李显呢？对此不仅不闻不问，纵容韦、武等人为所欲为，还大力惩戒那些揭发韦、武罪行的人。

韦后厌恶非自己亲生的太子李重俊，所以安乐公主与驸马武崇训也常侮辱李重俊。在这样的形势下，公元707年七月，不堪受辱的李重俊发动部分羽林军，将武崇训及其父武三思杀死，并意欲谋害韦后和安乐公主。谁知还未成事，他所带的羽林军竟倒戈^①相向，导致政变失败，李重俊也落得身死的下场。如此一来，武、韦的权势并未受到丝毫撼动。那时内陆恰逢水旱，百姓陷于水深火热之中。而李显却只顾与韦后行乐，完全不理政事，甚至还将上书抨击韦后之人悉数处死。

公元710年，韦氏担心自己的丑行暴露，而安乐公主有意捧韦氏上位，自己任皇太女。两人一拍即合，便合谋将李显毒死。

李显离世后，韦后摄政，将李重茂立为新君。韦后又把南北衙军队交给自家韦姓人手中，并有意效法^②武后，自立为皇。就在此时，临淄王李隆基与武则天之女太平公主指挥禁军杀入宫门，

①倒戈：掉转武器向己方攻击。

②效法：仿照别人的做法去做，学习他人的做法。

将韦后、安乐公主、上官婉儿以及韦氏子弟剿灭，并逼李重茂退位，将相王李旦推为新帝。自此，韦后之乱终于告一段落。

太平公主之乱

韦氏之乱平息后，随之而来的却又是一场更大的政乱。那时，太平公主仗着自己平乱有功，日益骄纵。她肆意扩大自己的田园，将京师周边的肥沃土地都划为己有，所用的器物也越发精致，其精致程度甚至堪比宫中帝后。此外，她的面首①仅少年郎便多达几百人，且全部身着罗绮，服侍的仆人更是多达数千。不仅如此，太平公主还与家中阔绰的胡僧惠范狼狈为奸，特地为惠范向李隆基求了个圣善寺寺主之位，位列三品，授公爵。当然，这并不是最致命的，最致命的是太平公主竟将手伸到了朝堂之上，专谋异计。据传，朝中七位宰相中有五位与太平公主有所勾结。那时，萧志忠便是靠依附太平公主而从区区州官之位爬到刑部尚书、中书令的位置。与此同时，手握皇宫禁兵的常元楷、李慈也与太平公主私交甚好，这让太子李隆基愈发无法忍受。

公元713年七月，窦怀贞、萧至忠、李晋、常元楷和李慈等人与太平公主密谋于次日发动政变，拥太平公主为新帝。李隆基

①面首：美男子，引申为男妾、男宠。

早就洞悉了他们的计划，当夜就发布密令，派李范、李业、郭元振和王毛仲携二百多家丁和马厩里的闲散马只，带李令问、王守一、高力士等十几名心腹悄悄从皇宫北门伏击太平公主的叛党。常元楷和李慈被就地正法，然后又活捉了萧至忠，岑义等人。太平公主这场政变还未来得及实施便被扼杀。几日后，太平公主及其儿子、党羽等几十人均被赐死，太平公主之乱也终于落下帷幕。

相关链接：

称量天下士

据说，当年上官婉儿之母郑氏在临盆之际梦见一个巨人给了她一秤，说："可以拿此秤称量天下士。"郑氏心里十分高兴，猜想肚子里怀着的必定是个有"称量天下之才"的男孩。谁知生出来的却是一个女孩，郑氏不免有些失落。等到上官婉儿满月时，郑氏怀抱着她，逗她道："你将来当真能称量天下士吗？"才满月的上官婉儿竟能咿呀回应。后来上官婉儿专秉内政，负责帮朝廷品赏诗文，果真应了梦里那句"称量天下士"。

妙笔"画圣"——吴道子

　　唐朝不仅盛产诗人，同时也盛产画家。在这些唐朝画家中，吴道子可以算是最为浓墨重彩的一位。这位被后世尊称为"百代画圣"的人究竟有多厉害？他的那些被称为"冠绝一世"的画作又是如何画出的？

穷丹青之妙

　　吴道子自幼便失去双亲，过着贫困潦倒的生活。他曾向书法名家张旭、贺知章等人学习书法，但是却并没能取得很好的成就。后来为了解决生计，他又向民间的画师和雕工学习绘画。因为学习认真刻苦，所以还没到二十岁，他所画的画作就已经被人称赞为"穷丹青 ①之妙"。

①丹青：古代画画常用朱红色、青色，故画作也称"丹青"。

公元 709 年，韦嗣立升任中书侍郎，吴道子便在韦嗣立手下当小吏。后来，吴道子被委派到瑕丘任县尉。公元 713 年，吴道子辞去官位，纵情于洛阳山水之间。

由于他在画坛小有名气，唐玄宗闻知后将他召回长安任内教博士，并下令规定他在没有旨意的情况下不能画画。在入内供奉后，吴道子除了在宫里画画，也时常陪唐玄宗外出游览。有一次他随唐玄宗来到洛阳，与将军裴旻①和书法家张旭二人相见。三人当即各自发挥所长，表演了一番：善舞剑的裴旻舞剑一曲，善草书的张旭挥笔泼墨，而吴道子则现场作画，三人的表演可谓是妙不可言。

传世画作

公元 725 年，吴道子陪同唐玄宗前去东封泰山。返途经过潞州时，车驾自金桥驶过。唐玄宗眼见几千里内旗帜鲜明、队伍整肃，不由得龙颜大悦，便对身边的人说道："张说言'领军三十万，旗帜绵延千里，陕右②上党，远达太原'。这样的人便是真正的天下之主。"身边的人闻言忙呼万岁。唐玄宗又把吴道子、韦无

①旻：mín。
②陕右：陕西。

忝、陈闳三人喊了过来，让他们一起画一幅《金桥图》。陈闳负责画唐玄宗的样子及其坐骑夜白马；韦无忝则负责绘画那些骡马、牛羊、猪狗等动物；至于桥梁、山水、车马、人、花草树木、飞禽兵器、帷幕等都由吴道子负责。这幅《金桥画》完工后，号称"三绝"。

一日画嘉陵

后来，唐玄宗又突然想到嘉陵的山清水秀，便让吴道子前去嘉陵江作画。在嘉陵江上，吴道子纵情山水，放眼感受大好山水。他将眼前的一幕幕和心中的万千感慨悉数牢记于心，不画任何草图。吴道子赏完嘉陵的风景回到长安，唐玄宗便向他询问作画情况。他答道："臣没有带草本，只是牢记在心。"于是唐玄宗便让他在大同殿的墙上进行绘画。此时的吴道子早已将嘉陵的山山水水、一丘一壑 ①全都牢牢记在心头，所以一日之内就把嘉陵的旖旎 ②风光绘了出来。唐玄宗对此赞叹不已。在这之前，善于画山水的李思训也曾在大同殿的墙上画嘉陵江景，但却耗费了好几个月，并且画的还不如吴道子这一日之功好。

---

①壑：hè。
②旖旎：yǐ nǐ。旖旎，柔和美丽，多用来描写景物。

事实上，吴道子除了擅长画山水外，还擅长画动物，其所画的动物栩栩如生。相传，他曾在大同殿上画的五条龙每逢大雨将至都能喷生烟雾，可谓生龙活现。

落笔生光

相传，有一次吴道子自新政离堆山观景回来，在经过一间茅草屋时听见里面有纺棉花的声音，却不见光亮，他心中暗自奇怪。次日，他又来到这间茅草屋前，仔仔细细了解了事情的原委。原来，这里独居着一位孤寡老妪。老妪因为家中贫困，所以夜里从未点过灯。于是，吴道子决定送一幅画给这位老妪。

他先是用力将蘸饱墨汁的笔向纸上甩了甩，甩了一纸亮晶晶的小墨点，然后用笔轻轻涂抹那些小点，最后又在空白处画了个圆圈。就这样，一画已成。他将画交给老妪，说道："你将这画贴在屋子里，自然就有用处。"老妪听了他的话，小心地把画贴在屋内的墙上。到了夜里，神奇的一幕出现了。原来，吴道子画的是一幅星空图，月亮与星星交相辉映，将整个屋子照得亮堂堂的。

杨玉环宠冠后宫

白居易有诗道："回眸一笑百媚生，六宫粉黛无颜色。"诗中所说的那位令后宫失色的美人便是杨玉环。由此可见，杨玉环确实有沉鱼落雁、闭月羞花之貌，也难怪能将原本英明神武的唐玄宗李隆基迷得神魂颠倒。

杨玉环初获圣心

杨玉环生于公元 719 年，她十岁丧父，后被寄养于洛阳叔父杨玄珪家中。杨玉环自幼便受到良好的教育，精通音律，能歌善舞，擅弹琵琶。公元 734 年七月，唐玄宗李隆基之女咸宜公主于洛阳成婚。杨玉环受邀前往观礼，并与咸阳公主之弟寿王李瑁一见钟情。同年，李隆基赐婚于李瑁和杨玉环。

公元 737 年，武惠妃因病去世，李隆基因此常常闷闷不乐。

纵使后宫美人无数，却始终没有一个能得他欢心。李隆基的近侍宦官高力士为解李隆基的烦忧，便多次外出寻找，终于找到了一个好的人选——寿王妃杨玉环。高力士向李隆基禀道："杨玉环的姿色比武惠妃有过之而无不及，并且歌舞、音律的造诣①更是远超武惠妃。"

公元740年，李隆基驾临骊山温泉宫，寿王妃杨玉环恰巧路过此地。李隆基一见杨玉环便心生欢喜，便把她召进温泉宫中，让她一同饮酒作乐，并把自己所写的《霓裳羽衣曲》拿给杨玉环看。杨玉环在音律上的造诣颇高，擅长歌舞，只看了几眼曲谱，便已然通晓《霓裳羽衣曲》的真髓。只见她边唱边跳，仿佛仙女下凡。李隆基见了如获瑰宝，心中忧愁一扫而光，就起了将杨玉环纳为己有的想法。

宠冠后宫

考虑到杨玉环是寿王李瑁的妃子，如若将儿媳纳为己有恐怕会落人口实。于是李隆基让杨玉环假意自请入宫为女道士，并将她赐居南宫，号太真。杨玉环自此便入住宫中，所受的恩宠更是与日俱增。

①造诣：学业、学问等修炼的成果。

公元745年，李隆基下旨命寿王重选新妃；同年八月，册封杨玉环为贵妃。贵妃之位仅次于后位，可当时并无皇后，所以杨贵妃实际上便相当于皇后了。

杨贵妃自幼在南国生长，尤其爱吃新鲜荔枝。但是荔枝极易变质，离枝四五日则色与味皆变。为了能够快速将新鲜荔枝送入宫中，李隆基特地遣人开辟了一条自岭南起通往长安绵延几千里的贡道。贡道沿途设置驿站，并备有快马，如此一来，荔枝从岭南到长安，无论色味皆无变化。杜牧诗中"一骑红尘妃子笑，无人知是荔枝来"说的便是此事。

由于杨贵妃得李隆基宠爱，所以朝臣、官吏皆争相前来巴结，向杨玉环进贡了许多奇珍异宝、珍玩器物。其中，岭南军政长官的贡品深受杨玉环喜欢，他的官级也因此而连升三级；广陵的军政长官见此情景，急忙效仿，也很快被提拔为朝廷大臣。由此可见杨玉环所受的隆宠。

与此同时，杨玉环的大姐、二姐、三姐分别受封为韩国夫人、虢①国夫人、秦国夫人；兄长杨铦②受封为四品高官；杨锜③得娶公主；杨国忠更是官拜宰相，兼任数种官位，权力滔天。不仅如此，李隆基每次前往骊山华清宫时，杨玉环的兄姐都会率车

①虢：guó。
②铦：xiān。
③锜：qí。

骑随行。他们的车骑一家一队，各着一色，逶迤^①几十里。因为杨玉环的关系，杨家的势力可谓盛极一时。

三遣出宫

不过，李隆基与杨玉环再温情也有闹别扭的时候。杨玉环其人恃宠善妒，曾两次因争风吃醋惹怒李隆基而被遣送出宫。最后一次被遣时，杨玉环哭得梨花带泪，十分凄惨。杨氏兄妹见此情况也都惶惶不安，生怕遭遇大祸。谁知，另一边狠心将杨玉环驱赶出宫后的李隆基却因此日日茶饭不思，十分愁苦。高力士摸清了李隆基的想法，趁机请求赐膳给杨玉环。

杨玉环看到高力士将御膳送来，随即将一缕青丝剪下交与高力士，并说道："我如今为皇上不喜，应该处死，今天就此和皇上诀别。我所有的东西都是皇上赐予的，只有这头发乃是父母所给，你就拿这一缕青丝给皇上留个念想，以示我对皇上的感激。"

李隆基收到那一缕青丝后，心里十分感伤，便立刻命人将杨玉环接了回来。就这样，这对帝妃又一次重归于好，恩爱非常。

---

① 逶迤：wēi yí。形容道路、山脉、河流等蜿蜒曲折。

❀ 相关链接：

在天愿作比翼鸟

传说，有一年七夕，唐玄宗来到华清宫的长生殿里居住。到了夜深时，只听杨贵妃无故独自哭泣，唐玄宗十分疑惑，便温声相劝。劝了许久，杨贵妃方才开口道："我见那牛郎织女星，心中不由艳羡，羡慕他们得以做长久夫妻，只怕我是比不上他们的。我看前朝历史，女子的容貌随岁月而去后，都会被无情抛弃。再想到自己，不由得感伤哭泣。"唐玄宗闻言十分感动，便与杨贵妃盟誓相约此生此世绝不分离。

后来，白居易为了纪念唐玄宗和杨贵妃的爱情，就写下了"在天愿作比翼鸟，在地愿为连理枝"的诗句。

晚年不幸的李隆基

熟悉历史的人都知道李隆基早年英明神武、励精图强，开创了开元盛世。然而随着年龄的增长，这位明君逐渐腐化，倚重奸佞，最终致使唐朝由盛转衰，也害得自己晚年凄凉。

安史之乱

李隆基到了晚年，亲奸臣，远贤臣。其中，最受李隆基倚重的臣子当属宰相杨国忠和武将安禄山。那时，杨国忠屡次向手握重兵的安禄山示好，却始终没得到回应，便转而向李隆基诬告安禄山。而安禄山那边眼见李隆基日益衰老，不理朝政，致使朝纲荒废，而精兵悍将大多聚集于边疆，致使朝廷力量空虚，所以渐渐有了反意。他与心腹高尚、严庄、史思明等人策划谋反。公元755年，羽翼已丰的安禄山假借征讨杨国忠为名，自范阳发兵十五万，假称二十万，挥兵南下，向洛阳和长安进攻。

那时中原已经过久了安稳日子，许多郡县均没兵马可用，根本没有应变准备。地方官吏们听说叛军兵临城下，要么弃城而逃，要么直接投降。因此，安禄山的军队很快就占领了黄河以北的绝大部分区域，并且几乎没有遇到任何阻碍。唐军节节败退，就连封常清和高仙芝所领的新军也都吃了败仗。就这样，东都洛阳很快沦陷，京都长安也只有潼关天险可以抵挡叛军。

可是，即使是在国将不国的危难之际，杨国忠还只顾着个人私怨。他嫉妒潼关的老将哥舒翰，担心哥舒翰立功后威胁到自己的相位。于是便谎报军情，让李隆基强迫哥舒翰出兵应战。哥舒翰深知关外叛军强大，自己贸然应战绝无胜算，奈何皇命难违，只能痛哭一场，勉强应战。果然，出战后唐军在灵宝与叛军崔乾祐狭路相逢，并中了埋伏，落得惨败收场，原本二十万的唐军被杀得只剩八千人。紧接着，潼关被崔乾祐攻下，哥舒翰也成了他的俘虏。潼关一失守，长安便岌岌可危。

杨贵妃魂断马嵬坡

闻知潼关失陷一事，朝廷上下陷入恐慌之中。杨国忠提议，

让李隆基和杨贵妃等人趁夜前往蜀地躲避，李隆基等人连夜仓皇逃去。

车队来到马嵬驿时，扈从^①的将士们又冷又饿，十分疲倦，心中对扰乱朝纲的佞臣杨国忠更加憎恨。于是将士们发动暴乱，射杀了杨国忠及其子杨暄，还有韩国夫人、秦国夫人等人。紧接着，怒火冲天的将士们团团围住马嵬驿，吵闹不止。李隆基赶忙来到驿门前犒劳三军，命他们收兵，然而余怒未平的军士们不为所动。高力士连忙询问这是何故？龙武大将军陈玄礼道："杨国忠造次，其妹杨玉环也应受其牵连，还希望陛下将其正法。"李隆基闻言默然许久，然后颤抖着说："贵妃深居内宫，如何得知杨国忠谋反？"京兆司录韦谔与高力士深知事关重大，便在李隆基身边陈其利弊，苦苦相劝。李隆基迫于无奈，为求自保，只好让高力士将杨贵妃绞死在佛堂前的梨树下，将士们的愤懑之情方才平息。

开元盛世黯然收场

已经吓得魂不附体的李隆基在经历此次兵变后，随即逃窜至成都，而太子李亨携其子北上灵武。没多久，李亨登基，改元至德，

---

①扈从：随从。

史称唐肃宗，并尊李隆基为太上皇。公元762年，李隆基在凄凉的晚年中溘然①长逝。

①溘然：kè。溘然，忽然、突然的意思。

贵妃洗子

据载，安禄山曾拜唐玄宗李隆基为干爹，尊杨贵妃为干娘。安禄山与杨贵妃两人你来我往，关系十分密切。《通鉴纪事本末·安史之乱》中也记录了公元751年杨贵妃与安禄山之间的一件荒唐事：那年正月初三恰是安禄山的生日，唐玄宗与杨贵妃为安禄山准备了十分丰厚的生日礼物。

正月初六，杨贵妃又特地召安禄山前来，说要为这个儿子举办洗三之礼。她让人将安禄山当作婴孩一般放于一个大澡盆中，并亲自帮安禄山洗澡。洗完澡后，她又将安禄山用锦绣襁褓裹好，让宫女们将安禄山放于彩轿上，还抬着在御花园里逛圈，嘴里并喊着"禄儿，禄儿……"以此取乐。

千古贤宦高力士

历史上从秦朝赵高开始，只要宦官的名字一出现，人们大都会认为是权倾朝野而祸害忠良的坏人。这种奸人的形象在历史上也被印证，因为宦官乱政而导致皇朝灭亡的确实很多。然而，高力士却是著名的贤宦，虽权倾朝野，但被称为"千古贤宦第一人"。

出身名门，慧眼识英

高力士祖籍潘州，本姓冯，为冼夫人的第六代孙子。他父亲原是潘州刺史，后来受人诬陷，高力士也被株连，幼年时被阉割送进宫。年幼的他被武则天看中，并安排在身边。然而没过多久，却又因犯错而被驱逐出宫。在宫时，因为与高延福很亲近，所以高延福把他收为螟蛉^①，取名力士。

高力士被逐出宫后一年，又被招入宫中。有了上次的经历，高力士变得更加谨慎。不久，高力士便结识了当时正任职别驾的李隆基。初见时，高力士便觉得李隆基气度非凡，而且颇有见识，于是就一心一意辅助李隆基。李隆基果然不负所望，在高力士等人的协助下平定了韦后之乱和太平公主之乱，并顺利登基，开启了开元盛世。自此高力士便得到李隆基的宠信，官至骠骑大将军，权倾朝野。李隆基甚至说，只要有高力士在，很多事情都不用自己亲自处理。

一次，李隆基在五凤楼宴请群臣。百姓都想一睹龙颜，便都挤在一边看热闹。可是百姓们的喧哗打扰了李隆基和群臣，李隆基对此很不高兴。这时候高力士提议说，严安之执法严格，百姓们对其很是敬畏，可用他来维护现场秩序。李隆基同意了，派严安之过来维持秩序。严安之到后，在场地外画了一个圈，并对外宣布："越此界者死。"在场的百姓真的就没有人敢越过这条界线了。就这样，李隆基与群臣度过了愉快的三日。

审时度势之才

常言道，伴君如伴虎，在皇帝身边办事很风光，但是也很危险，

---

①螟蛉：义子，俗称干儿子、干女儿，与收养人无血亲的后嗣。

一不小心就会人头落地。在贞观年间，宰相都换了很多次，到了李隆基晚年的时候，很多忠臣被诬告而贬职流放，甚至身首异处。而高力士却一直陪伴在李隆基身边，除了他的工作能力强之外，跟他的应变能力也有关系。

公元737年，太子李瑛遭到陷害被贬为平民并赐死，李隆基需要重新立太子。武惠妃想要立自己的儿子李瑁为太子，并且还有宰相极力相帮。然而，李隆基心中的人选却是长子李亨。在这个问题上，李隆基实在很难抉择，终日闷闷不乐，茶饭不思。高力士见了，明白李隆基心中想什么，于是对李隆基说："陛下怎么不吃饭？是不是饭菜不好吃？"李隆基说："你跟随朕这么多年，难道不知道朕在烦恼什么吗？"高力士说："陛下是忧心立太子之事吧？自古长幼有序，立长子为太子是传统规矩，没有人会有意见。"一番话，让李隆基下定决心让李亨为太子。

安史之乱前，李隆基因边界屡屡报捷十分得意，却全然不知是将领贪图享乐而虚报战果。李隆基对高力士说："我年纪大了，朝廷的事交给宰相，边境的事有大将们处理，我可以很安心了。"可是高力士却说："云南我军常有败绩，且北方士兵凶悍，陛下可有应对良策？"李隆基心中很清楚安禄山有叛乱的可能，可是他却没有心情去管这些，只在嘴上应付说："我会考虑的。"

忠心耿耿

高力士对李隆基忠心耿耿，无论是富贵还是危难，都没有改变高力士对李隆基的忠心。唐肃宗李亨继位后，李隆基为太上皇，高力士还是侍奉在李隆基身边。

公元 760 年，李亨病倒，李辅国私自下诏，将李隆基迁到西内。李辅国带领五百兵士途中拦截李隆基，想要谋害李隆基。那时，李隆基身边只有二三十个老弱侍从，见到声势浩大的李辅国一伙，很是害怕。只有高力士挺身而出，对着李辅国说："太上皇五十年来兢兢业业，你也是老臣子了，见天子还不下马？"李辅国一听，被吓得赶紧下了马。高力士又对将士们说："传太上皇旨意，将士应当尽忠职守！"李辅国马上命令士兵收起兵器，纷纷向李隆基叩拜。接着高力士又让李辅国为太上皇牵马，李辅国也照做了，并和士兵一起护送李隆基进入西内。李辅国走后，李隆基牵着高力士的手说："多亏了爱卿，要不是你在，估计朕就不在人世了。"

然而，高力士最终还是没有逃过李辅国的陷害。公元 760 年，高力士被流放到巫州。临走前，他对李辅国说："我本是该死之人，在走前希望能见太上皇一面。"李辅国当然不愿意，直接让人押送高力士走了。

公元 762 年，高力士遇大赦重回京城。可是高力士与人交谈才知道，李隆基早就驾崩了。听到这个消息，高力士如同被雷轰击一般，他望北放声大哭，最终吐血而亡。

● 相关链接：

从称呼看高力士的地位

唐玄宗在位期间，高力士一度权倾朝野。各地上报的事情，如果只是一些小事，就不用过问李隆基，高力士直接就可以解决。因此人人都想巴结高力士，而高力士的财富也可以与王侯相比。唐肃宗李亨在东宫的时候，称呼高力士为"二兄"；各个皇子公主都称呼高力士为"阿翁"；驸马爷则要称呼高力士为"爷"，可见高力士的权力与地位有多高。

满城尽带黄金甲

与所有王朝一样，唐朝末期也变得腐朽、混乱、黑暗。在这样的情况下，百姓自然就会生出不满、愤懑等情绪。哪里有不满，哪里就会有反抗。如此一来，烽火就是避无可避的。

战火纷飞的唐末

唐末，历经各种藩镇割据、宦官专权、朋党争斗后，唐朝开始陷入一片混乱之中。这样的局面即使是精明的唐宣宗李忱也未能扭转，更何况是位居其后、只顾享乐的唐懿宗李漼和唐僖宗李儇①？在这两位昏君的带领下，唐朝腐朽到了极致。

那时，农民们备受来自皇室、官僚、地主的剥削和天灾的摧残，

①儇：xuān。

178

背负苛捐杂税的他们流离失所，境况凄凉。为求一线生机，许多农民都踏上了反抗之路。

冲天香阵透长安

年少时期的黄巢因贩卖私盐而四处闯荡，见识颇广。他善于骑射之术，并且热衷结交绿林好汉，喜好打抱不平；他还爱好读书，然而屡次科举均名落孙山。尽管如此，黄巢依旧怀抱雄心壮志。这一点，由他的诗作《题菊花》便可看出："飒飒西风满院栽，蕊寒香冷蝶难来。他年我若为青帝，报与桃花一处开。"

又一年，黄巢再次名落孙山。郁郁不得志之下，他写下了一首《不第后赋菊》："待到秋来九月八，我花开后百花杀。冲天香阵透长安，满城尽带黄金甲。"诗中毫不避讳地展现了他必反的野心。

公元 875 年，濮州私盐商贩王仙芝与尚君、尚让两兄弟带数千农民于长垣起事。王仙芝自号均平天补大将军、海内诸豪都统，公告檄文 ①，怒斥当今朝堂奸臣当道、赋税苛刻等事。没多久，起义军便将曹州、濮州两地攻克，人数激增至几万人。紧接着，黄巢和他的兄弟八人带了数千农民于曹州响应起事。两方队伍一会

①檄文：檄，xí。檄文，古代用于征召、晓谕的政府公告或声讨、揭发罪行等的文书。

合，正式发动唐末农民大起义。

　　起初，王仙芝统领全军，采取游击战术与唐军进行作战。公元877年，起义军兵临蕲州①。蕲州刺史将黄巢和王仙芝等人请入城中，进行劝降，表明愿意帮王仙芝谋个一官半职。唐朝朝廷正苦于无法平息农民起义，便许诺给王仙芝一个空头官位。王仙芝大喜，而黄巢却怒不可遏，喝道："一开始我们便起誓要一起打天下，如今你要接受招安②，那起义军怎么办？"说完便把王仙芝狠揍了一顿，其他将士也纷纷怒斥王仙芝。王仙芝心中恐慌，便也不敢接受招安，只能下令进攻蕲州。然而，黄巢和王仙芝之间已然生隙，起义军也很快分裂成两派。一派由黄巢等人率领，另一派则由王仙芝、尚君、尚让等人率领。王仙芝的队伍在分裂后也攻陷了些许州县。但是，他们曾七次向唐朝示好、求饶均无果，最终被唐军打得溃不成军，死伤数万人，王仙芝本人也牺牲了。

　　王仙芝死后，起义军又再次合并，并将黄巢推举为王。当时，中原地区的唐军力量较为强盛。在起义军决定向河南进攻时，唐朝已经在洛阳聚集了大量兵力准备应战。黄巢洞悉了唐军的意图，就决定从兵力较弱的区域进攻。他领兵南下渡过长江，直攻浙东。起义军连连取胜，仅一年便攻到了广州。到了

---

①蕲州：蕲，qí。蕲州，今属湖北省蕲春县，位于蕲春县南端。
②招安：统治者劝诱武装反抗者归降。

广州以后，起义军稍做休整，又长驱直上。公元884年，黄巢率六十万人马直攻潼关。

起义军惨败

起义军攻克潼关后，唐朝上下惊慌失措。唐僖宗李儇携众妃与宦官之首田令孜一起逃往成都，那些没来得及逃离的官吏们只能悉数出城受降。那日下午，黄巢乘金色软轿，在众将的簇拥下进了长安。进入长安后，黄巢于大明宫登基，改国号为大齐。

然而，由于起义军没有在占领的地方设兵把守，所以长安很快便反被唐军攻克。与此同时，受黄巢委派驻守同州的将领朱温也被唐朝招降。无奈之下，黄巢及起义军只能往河南撤。但是在河南，他们又遇上了朱温和李克用的袭击。公元884年，黄巢进攻陈州未能成功，反受唐军追赶。最终，一代枭雄退兵至泰山狼虎谷，英勇就义。

击球赌三川

黄巢起义正激烈的时候，唐僖宗做了一件无比荒唐的事情：他命陈敬瑄、杨师立、牛勖和罗元杲四人进行马球比赛，来竞争挑选川中一带至关重要的三个节度使之位。

三川位于长安南面，在黄巢起义这样的动荡时刻显得极其重要，尤其是西川。而唐僖宗却以此为赌注，规定"谁第一个进球，谁就可以优先选择外放地区的权利"。

这种以比赛方式轻率任免官员的做法在历朝历代都闻所未闻，做出如此荒谬之事实属唐朝之悲哀。

唐朝科举制的翻天大改变

　　唐代科举制名义上沿袭了隋朝科举制，但是内容和形式都发生了极大的变化。隋朝的选才方式和标准被严重篡改，大多数重要科目均被摒弃，用人价值观发生了本质变化。那么，唐代科举制被改成什么样子了？

考试科目之变

　　唐朝的科举制只是在名义上沿袭了前朝，但实质已经发生了翻天覆地的变化。科考的科目摒弃了孝、德、礼、义等察举项目，大量增加了文才类的科考项目。那时，州县考试名为解试，尚书省的考试则为省试。并且，唐代取士不单单看成绩，还需要有名人的推荐。因而，唐朝涌现出大批考生奔走于公卿门下投卷①的现象。历史上，白居易就曾向顾况投《赋得古原草送别》一诗，并得到其大力赞扬。投卷使有才者得到展示的机会，但也给了投机取巧之人机会。

公元659年二月，唐高宗李治亲自主持考试选人，公开遴选治国良才的"殿试"由此开始；此后，武则天曾在洛成殿策问贡人；唐玄宗也曾于长安、洛阳宫殿八次亲自殿试考生，选拔了大量人才。

常试与制试

唐朝的科举考试一般分为常科和制科两种：常科是每年分期举行的，制科则是由皇上临时下旨举办。其中，常科最开始是由吏部考功员外郎主持，后改为礼部侍郎主持，设秀才、明经、俊士、明法等科目，并以秀才、明经、进士、明法、明字、明算六科为常设科目，而明经与进士则是其中最重要的两科。由此可见，隋朝原本的十科考试在此仅保留了"文才秀美"以及"学业优敏"这两科。而剩下的诸如"操履清洁""孝悌有闻"等八科均不被重视。依照当时律例规定，只有两类人可以参加常科，即生徒和乡贡。公元736年，报考对象的筛选愈发严格，诗赋也成了进士科的主

①投卷：应进士科的考生将自己的文学创作择优编成长卷，投献给达官显贵或文坛名人以求得他们赏识。

要考题。

　　每次常科考试结束，人们称考中者为"进士及第"，也称"登龙门"；首名则称为"状元"。试后，人们会举办曲江会、杏园宴、雁塔题名等活动以庆祝考试结束。届时各地达官显贵，甚至连皇上也会亲临"登紫云楼"观看，场面热闹非凡。当然，常科考试及第[①]后并不意味着能够直接得到官职，登第[①]后，考生还要通过吏部的选仕考试，合格了才能真正踏上仕途。如果未能通过吏部选仕考试，则只能前往节度使处当幕僚，然后才能踏入官场。

　　制科则是由皇上亲自主持，但凡在职官员、常科及第者、平民百姓均可参加。与通过常科考试的人相比，通过制科考试的人即使名望高，却仍居进士之下，有"杂色"之称。除开制科与常科，唐朝还有武举。武举始于公元702年，乡贡均可来应武举，由兵部主考。考试科目涉及步射、马枪等。当年的兵马副元帅郭子仪便是通过武举从军的。

　　可以说，科举制在唐朝丰富完善，但实质却发生了彻底的改变。这种变化使得科举制逐渐变化为由皇权旨意摆布的官本政治用人体制，加速了中央集权的高度集中统一。

---

①及第：指科举考试应试中选。
②登第：登科。第，指科举考试录取列榜的甲乙次第。

醉打金枝

唐代宗时期，郭子仪的第六子郭暧娶升平公主。公元767年，郭暧与升平公主争吵，并打了她一巴掌。郭暧怒气腾腾道："皇帝算什么？我父亲只是不愿做皇帝罢了。"公主一气之下回了皇宫，而皇上却安慰升平公主，让她回婆家去。郭子仪得知此事后，生气地把郭暧关了起来，等皇上降罪。唐代宗对郭子仪说："都说'不痴不聋，不做家翁'。他们夫妻吵架，我们做亲家的又何必当真？"回到家后，郭子仪又将郭暧揍了一顿。后来，这个故事便被改编为京剧《醉打金枝》。

唐朝由盛转衰的诗史

　　唐朝时期涌现了许多杰出的诗人，其中，不得不提的便是"诗圣"杜甫。他的诗有着极其鲜明的时代特色，可以说是见证了唐朝由盛转衰的变化，展现了战火中唐朝百姓水深火热的生活，被称为"诗史"。

快意少年时

　　杜甫，字子美，生于巩县，曾祖父为当时担任巩县县令的杜依艺。据说杜甫自幼聪慧，七岁便会作诗，十四岁时便能与文人雅士同游酬唱。社会名流、长辈都赞赏杜甫的词赋，称之有班固、扬雄的风范。

　　公元736年，杜甫进士未能及第。那时他的父亲是兖州①司马，

————————

①兖州：兖，yǎn。兖州，位于山东省西南部。

于是杜甫回兖州省亲，开始了齐赵平原之游。杜甫在齐赵过得十分惬意，在此期间所作的《登兖州城楼》《望岳》等诗也是满怀壮志与激情。

公元744年，杜甫与李白在洛阳相逢，两人约好共游梁、宋。之后，杜甫又到齐州游历。公元748年秋，杜甫辗转到兖州与李白相见，两人谈天说地、把酒言欢，度过了一段愉悦的时光。到了秋末，两人拜别后，杜甫便回到了长安客居①。

郁郁不得志

公元747—751年间，杜甫屡次求仕未果，郁郁不得志，过着清贫而凄苦的生活。公元755年，杜甫终于迎来了入仕的机会，朝廷将其任命为河西尉。然而，由于官职过低，杜甫不肯从命。于是朝廷又改任其为右卫率府兵曹参军，负责看管兵器和钥匙等。同年十一月，杜甫回家恰好遇上幼子饿死之事，痛心之下，他写下了一首《自京赴奉先县咏怀五百字》，将沿途所见、所感与自己这十年来的感悟一一记录下来，其中的辛酸与苦楚可想而知。

在长安度过的这十年光景，让他见识到了当前社会的腐化与丑恶，也深刻理解了下层百姓的艰难处境。于是，他写下了诸如《兵

①客居：在外地居住，旅居。

车行》《丽人行》等作。

公元755年十一月，安禄山起兵造反，并迅速攻克洛阳与潼关。唐玄宗等人吓得弃城而逃。就这样，长安彻底沦陷。此时，杜甫携家眷已经搬到了鄜州 ①羌村避难。在鄜州时，他听闻唐肃宗于灵武登基，便打算投奔新帝。谁知却在途中被叛军俘虏，并被赶回长安。杜甫眼见长安的落魄景象，不由得挥笔写下《月夜》《春望》等诗。公元757年四月，杜甫潜逃至凤翔投奔唐肃宗，并被封为左拾遗。然而没多久便因上书为房琯求情惹怒了皇帝，被贬到华州任司功参军。在饥荒与战火中，杜甫没能顾全家眷，心寒之下，他于公元759年弃职奔赴蜀中。

安史之乱时，百姓生活苦不堪言，杜甫也过得十分凄苦。在此期间，他写了诸如《北征》《羌村》和《三吏》《三别》等传世名篇。兵荒马乱间，杜甫举家迁至成都。在故交剑南节度使严武的资助下，杜甫得以在成都西郊建了草堂栖身。在这个草堂内，杜甫的生活惬意舒适，所写的诗句也显得轻松明快。然而没多久，草堂遭遇暴风雨，杜甫在凄苦中挥笔写下《茅屋为秋风所破歌》，推己及人，为天下寒士而叹。

①鄜州：鄜，fū。鄜州，今富县，位于陕西北部，延安市南部，属渭北黄土高原丘陵沟壑地带。

漂泊至死

公元 765 年，严武离世，杜甫在成都无依无靠。无奈之下，只能携一家老小登上小船，开始了流浪逃难的日子。杜甫原本想要顺长江东下出川，然而沿途又遭遇病痛与战乱而滞留许久。动荡漂流中，他终于在五十七岁时出了三峡，并一直在湖北、湖南的水上漂泊。公元 770 年，杜甫在旅船上因病去世，享年五十九岁。

杜甫终其一生，共留下约一千五百首诗，鲜明地展现了唐王朝由盛转衰的历史之卷，不愧为"诗史"。

杜甫墓的变迁

杜甫年少时曾在洛阳居住，一日，他来到土娄村祭祖，见四周的环境非常优美，心生欢喜，便在土娄村住了下来。后来杜甫郁郁不得志，到了晚年，他在江湘等地漂泊，生活得十分贫困。在临逝前，他嘱咐儿孙道："我在世不能与当阳侯并列，死后当与他同葬。"由于当时生活贫寒，家人无奈只能暂时将他安葬于岳州。待到后来家道有所恢复，家人便将他的坟墓迁至杜预墓边。

一代"诗仙"的官场浮沉

李白为人傲岸不屈，不愿与人虚伪相对，更不屑与权贵同流合污，这就导致他在官场上吃尽哑巴亏。他的梦想是凭借自己的才华官拜卿相，最终却沦落得流放到死的下场。

初入仕途

李白，字太白，他自幼聪慧，成年后又乐善好施，可谓是享誉川中。二十五岁后，李白离开蜀地，顺长江而下，先后抵达江陵、洞庭、庐山、金陵、扬州、长安、终南等地。此后的几年里，他又和洛阳、太原、东鲁等地的道士、隐士共游，可谓闻名远近。在此期间，李白和普通的宦游①子弟一样，怀抱远大志向，期待有

———————————
①宦游：泛指离乡求官奔波在外。

朝一日能官拜卿相。他曾多次投书长吏，希望能以此入仕，却常常碰壁。

公元 742 年，玉真公主与贺知章合力向李隆基举荐李白，李白才开启了自己宫廷侍从的生活。李白无论气度还是谈吐皆属上乘，李隆基对他甚是爱惜，而李白也十分亲近风流倜傥的李隆基。他们谈天说地，从诗词歌赋、音律歌舞聊到游艺书画，十分投缘。李隆基还命李白坐到七宝御床之上，并设宴款待他，甚至还亲自帮李白调羹。

落寞的官场际遇

没多久，李隆基便将李白任为翰林供奉。所谓翰林供奉，便是在宫中为皇帝、公卿写诗助兴的一种官职。李白任职后发现，如此官职与自己的抱负实在是相去甚远。无奈之下，只能日日借酒消愁。

一日，李白喝得大醉，谁知内侍在此时跑来唤他入宫，却无论如何都唤不醒他，情急之下只能用冷水把他泼醒。李白入宫后，才知道原来李隆基正携杨贵妃于园中赏花，想找他写诗助兴。牡丹如云似锦，李白不由得诗兴大发，挥笔写下了一首《清平调》。李隆基龙颜大悦，随即让乐师李龟年就此演奏，与他的笛声相和。

李白看到李隆基只顾享乐，不理朝政，而自己只能为他们写诗助兴，心中不由得十分落寞。

官场失意

李隆基十分宠信宦官高力士。朝中大臣皆为升官发达而巴结于高力士，可李白却偏偏逆其道而行，对高力士十分不屑。

一日，李隆基命李白起草诏书，恰逢李白又喝得大醉，竟借着醉意让高力士帮他脱靴。高力士受此大辱，又怎会善罢甘休？有一次他碰见杨贵妃正在吟唱李白的《清平调》，便乘机道："李白这句'可怜飞燕倚新妆'岂不是将您比作汉成皇帝的皇后赵飞燕？要知道，这赵飞燕当初可是因为作风不正而被废黜的。"杨贵妃闻言气得不行，便与高力士一起在李隆基面前贬低李白，于是李隆基慢慢地冷落了李白。朝中许多人都曾被李白得罪，大家见李白不受宠了，便纷纷落井下石，最终将李白逼出长安。

后来安史之乱爆发，李白成了永王李璘的幕府^①。他想要帮助永王平定叛军、收回失地，建立一番功业。可是他万万没有想到，唐肃宗与永王不和，最终永王被唐肃宗以谋逆之罪处死。李白也

---

①幕府：幕僚、幕宾。

因此受到牵连，银铛①入狱。所幸后来在郭子仪的相救之下，李白才由死刑改为流放。

公元762年，李白在安徽当涂染病。同年十一月，李白离世。

①银铛：表示被铁链子锁着。

李白为何叫李白

相传，李白七岁时，他的父亲打算给他起个正式的名字。李白的父母十分喜欢读书，平时也喜欢教李白读书作诗。于是在起名的时候，李白的父母便想要考查他的作诗能力。李白父亲看着院子里葱郁的树木与灿烂的花儿，张口作了一句诗："春国送暖百花开，迎春绽金它先来。"紧接着，李白的母亲续道："火烧叶林红霞落。"李白则看着盛开的李树花吟道："李花怒放一树白。"这个白字成了全诗的点睛之笔。于是父亲便将此妙句的头尾连起来，为他取名为李白。

僧尼的浩劫

自古以来，凶吉、祸福等天象之说为历朝历代皇室所重视，与此休戚相关的宗教之说自然也备受关注。但是在唐朝时，佛教的地位却十分微妙，佛教僧尼们几次三番身处水深火热之中。到了会昌年间，更是惨遭灭顶。那么在这期间，到底发生了什么呢？

佛教之兴

唐初时，皇室虽有多次打击佛教的行为，但是总体而言，还算是支持的。起初唐高祖李渊崇尚佛法，然傅奕多次上书，细数佛教之恶，请求废黜佛法。李渊因此下旨淘汰僧尼，连道士也牵涉其中。后来由于李渊退位，唐太宗李世民摄政，大赦天下，所以淘汰僧尼的旨意并未落实。不过，李世民也曾在贞观初年下令：

私度僧尼者按极刑①处置。

后来李世民留心佛法，又爱惜玄奘的才华，因而亲笔写了《大唐三藏圣教序》以弘扬佛法，并下旨度一万八千名僧尼。而后的李治、李显、李旦三代皇帝也非常崇尚佛法。到了武周时期，武则天更是大力宣扬佛教，四处建造佛像，修筑明堂和天枢。如此一来，佛教的势力急剧膨胀，其寺院奢华无比，甚至可媲美②宫殿。此后的皇帝也多信仰佛教，唐肃宗李亨、唐代宗李豫还在宫里修道场，让几百个和尚在道场昼夜念经。李豫更是下令，让官吏不可欺侮僧尼，即使僧尼犯法也可得到宽恕。那时，关中的良田多归寺庙。

会昌毁观

推崇佛法的转折是在会昌时期，唐武宗李炎一改之前历代皇帝对佛教的态度，一场佛教的浩劫自会昌元年开始。

公元841年六月，刚登基不久的李炎设斋邀僧人、道士前来讲法。但他只赐道士紫衣，禁止僧人穿着。在接下来的六年时间里，李炎又接连向僧人发布了许多敕令③。收缴了千万顷良田，强

---

①极刑：也称为死刑、处决。

②媲美：媲，pì。媲美，一般都用于一种东西可以和另一种东西相比较。

③敕令：敕，chì。敕令，指帝王所发布的命令、法令或立法。

迫二十六万位僧尼还俗，强拆四千六百所寺庙。

公元842年，道士赵归真等人游说李炎下令让那些行咒术、妖术、犯罪和不持戒的人还俗，并把他们所有的私人财产全部充于两税和徭役。那时，单单长安就有三千四百五十九名僧尼还俗。而仅存的寺庙也只有慈恩、荐福、西明和庄严四座。

公元844年七月，李炎又下旨拆除天下所有房屋不足二百、没有敕额①的寺院、兰若和佛堂，并命全部僧尼皆还俗。

公元845年三月，李炎下旨禁止所有寺院建庄园，命人勘察全部寺院的僧尼、奴婢、财场数量。四月，又下令灭佛，规定西京长安只留四座寺院，每座寺院只可有十名僧尼；东京洛阳只留两座寺院；其余三十四治州只留一座寺庙；刺史所在州则不可有寺庙。多余的寺庙悉数摧毁，所有僧尼均还俗。全部废寺的铜佛像、铜质钟磬②悉数重铸成钱；铁质的则由本州重铸成农具。到了八月，所拆的寺院高达四千六百所，还俗的僧尼多达二十六万五百名，收回良田千万顷……还俗的僧尼多逃往幽州，而幽州节度使张仲武响应朝廷政策，下令将入境的游僧皆斩杀。一时间，一场灭顶之灾降临在所有僧尼头上。

这样的浩劫一直持续到公元846年李炎离世、唐宣宗登基之时。

---

①敕额：皇帝赐给寺院匾额。

②磬：qìng。

丹药催君命

唐武宗李炎虽不喜佛教，大力灭佛，但是却十分信奉道教。由于成仙的愿望迟迟未能实现，唐武宗便派赵归真等道士在宫里修炼丹药。谁知，赵归真却给唐武宗开了一张无法备齐的药材清单。为了尽快炼丹，唐武宗不吝大费人力、物力、财力令各地及时进贡。

因为长期服用丹药，唐武宗的身体受到了极大的损害，容颜极其消瘦，脾气也愈发古怪。赵归真将此情况归因于服药换骨，这让唐武宗愈发狂热地追求所谓的丹药。公元846年三月二十三日，长期服药的唐武宗与世长辞。

凌烟阁二十四功臣

　　大唐皇宫的三清殿旁有一座小楼，一直无人问津。公
元 643 年，唐太宗在这座小楼里放置了二十四张画像，从
此这个叫作凌烟阁的小楼便名扬千古。这二十四张画像有
什么意义？又有谁能荣升这二十四位之列？

凌烟阁

　　公元 643 年二月，唐太宗李世民为了纪念当年一起征战沙
场的功臣们，特地让阎立本在凌烟阁描绘二十四位当年与李家
一同打天下的功臣的图像放置于凌烟阁内。每张图像皆如真人
般大小，面向北方而挂，看上去恍如真人一般。因为那二十四
位功臣老的老、死的死，所以李世民常常前往凌烟阁观图怀旧。
　　荣登凌烟阁的二十四位功臣分别是：长孙无忌、杜如晦、李
孝恭、魏征、房玄龄、高士廉、尉迟敬德、段志玄、刘弘基、屈

突通、殷开山、张亮、长孙顺德、李勣、秦琼、刘政会、张公瑾、程知节、唐俭、虞世南、柴绍、侯君集、萧瑀以及李靖。为了表彰这些功臣，李世民还特地作赞①，并令褚遂良题字②。

李世民的赞、褚遂良的字和阎立本的画让凌烟阁这座原本不起眼的小楼一举聚集了文采、书法、绘画三大绝世作品。

凌烟阁之首

凌烟阁之首当数长孙皇后的兄长——长孙无忌，长孙无忌从小便与李世民交好。公元 617 年，李渊在太原起兵，长孙无忌便投奔李世民。此后，长孙无忌随同李世民四处征战，并帮助李世民组织谋划玄武门之变，因而终生均受李世民信任。李世民评价道："我有天下，多为此人之力。"

太子李承乾谋反，李世民有意将李泰立为太子，而长孙无忌则力举晋王李治。李世民接受了他的提议，将李治立为储君，并在临终前托付长孙无忌辅佐新君。然而在唐高宗时期，长孙无忌却因为反对李治将武则天立为皇后而失君心，后被武则天的宠臣许义府诬陷谋反，举家流放，最终在流放中被迫自缢身亡。纵观

①赞：以颂扬人物为主的一种文体。
②题字：对一事一物或一书一画，为留纪念而写上字。

长孙无忌一生对李唐王朝的贡献，绝对不愧对凌烟阁二十四功臣之首的名号。

不复上凌烟阁

凌烟阁中的画像是李世民为纪念与自己一同出生入死的功臣特意命人画的，本意是能时常登阁观图怀旧。然而画像中的人里却有一位走向了谋逆之路，那就是大将侯君集。

贞观年间，侯君集随李靖平定突厥，后又率军大破高昌国，可谓是战功显赫。也正是因为战功卓越，侯君集便居功自恃，在讨伐高昌时竟私拿宝物。没多久，他便因此事被囚。这次入狱的经历让他对李世民心怀怨恨。

公元643年，李承乾忧心自己的太子之位不保，侯君集便多次游说李承乾谋逆，并与李承乾商议好谋反计划。后来谋逆事情败露，李世民将侯君集赐死，但赦免了他的妻儿，并将他们迁至岭南。

在临刑时，李世民对侯君集道："你曾是朕的好兄弟，也是大唐的功臣，朕不会将你从凌烟阁撤去，但是朕从此不会再登凌烟阁了。"

秦琼为何会成为门神

　　相传，当年泾河龙王因为与一个占卦先生打赌而犯了天规，玉帝便让魏征于午时三刻监斩龙王。于是，龙王提前一日拜托李世民帮他求情，李世民点头答应了。次日，李世民将魏征宣入朝，并与魏征下棋，希望能够拖住他。谁知道午时三刻一到，魏征便沉沉睡去，在梦中斩了龙王。

　　龙王埋怨李世民不守信用，便天天到宫中闹事。魏征得知此事，随即命秦琼和尉迟敬德两人在宫门口护驾，那龙王便不敢再来了。李世民心疼两人守夜辛苦，便让人把他们的样子画下来贴在宫门口，没想到真的管用。于是，民间渐渐流传起将尉迟敬德与秦琼的画像贴在门口的习俗，他们俩也就变成了门神。

鉴真六次东渡

　　唐朝时，中日两国便已经有所往来。有一位叫鉴真的高僧更是为中日两国人民交流做出了极大的贡献，他不畏艰难险阻，先后六次远渡日本，传播中国文化，讲授佛学知识。

初试东渡

　　鉴真本姓淳于，十四岁时便在扬州削发出家。因为他本人勤奋好学，所以中年时便已经成为一个学识丰富的和尚。他曾经多次在长安、洛阳巡游，后又回到扬州的多个寺庙造塔塑像、宣讲佛法。在出家的四十多年里，他度了四万多俗人出家，传授他们戒律①。因而，江淮地区将他奉为授戒大师。

———————————
①戒律：有条文规定的宗教徒必须遵守的生活准则。

公元 742 年冬季，鉴真携二十一位弟子以及四位日本僧人前往扬州周边的东河既济寺制作船只，准备东渡事宜。日本僧人拿着李林甫宰相兄长李林宗的公函，所以扬州仓曹李凑施以援手。可谁知道，事情却被鉴真的弟子道航与如海耽误了。原来，道航打趣如海道："此次前去传戒法的人都是高德之人，行业肃清。像如海这样学业未精的人，是不是考虑不让他去了？"而如海却把这玩笑之话当真了，便去诬告鉴真等人造船是为了勾结海盗、攻打扬州。那时正是海盗猖狂时，扬州官员为此很是头疼。淮南采访使班景倩得知此事后，赶紧命人将全部僧人拘禁起来。虽然他们很快就查明真相释放了所有人，但还是命令日本僧人马上回日本去。如此一来，初次东渡就这样以失败告终。

多次失败仍不言弃

　　公元 744 年一月，鉴真与十七位僧人经过周密的准备后，决定雇佣八十五名负责镂、煮、写、绣、修文、镌碑的工匠一起出发东渡。他们浩浩荡荡的一百多人连海都没能出，便在长江口的狼沟浦遇风浪沉船了。等到修好船再次起行时，又遇上大风，把他们刮到了一座小岛上。他们在小岛上足足等了五天才获救，并被转送至明州的阿育王寺休养。

开春后，鉴真又收到了来自越州、杭州、湖州、宣州等地寺院的邀请前去讲法，于是第二次东渡也以失败结束了。

　　结束讲法后，鉴真回到阿育王寺，继续筹备东渡事宜。越州的僧人闻讯，为了将鉴真留下，故意把日本僧人还在中国境内逗留的消息透露给官府，并诬陷说他们是为了将鉴真引去日本。于是官府直接将日本僧人荣睿关了起来，打算送到杭州。多亏荣睿聪明，在途中假装因病去世才得以逃跑。不过，第三次东渡也胎死腹中。

　　第四次东渡时，鉴真决定在福州购船出海，并带了三十多人自阿育王寺出发。谁知，才到温州便被拦截了。原来，之前留在大明寺的鉴真的弟子灵佑怕鉴真出事，便苦苦哀求扬州官府帮忙拦截，而淮南采访使就真的依言将鉴真等人拦截了下来。就这样，第四次东渡也以失败告终。

　　公元 748 年，荣睿、普照二人又来到大明寺邀请鉴真东渡。鉴真也不推脱，同年六月便又带了十四位僧人以及工匠、水手等共计三十五人从崇福寺出发，再次开启了东渡旅程。为了等到顺风，出了长江以后，鉴真便在舟山群岛附近逗留了四五个月，直到十一月才再次起航。来到东海时，船又遇上了强风来袭，他们在海上漂泊了整整十四天才望见陆地。等到第十六天上岸的时候，他们才发现原来已经到了振州。无可奈何之下，鉴真等人便在大云寺里休养。

一年后，鉴真一行人沿北返回，途经万安州、崖州、雷州、梧州等地，并最终到达始安郡。鉴真在始安的开元寺逗留了一年，然后又被邀请到广州讲法。在路过端州时，荣睿病故于龙兴寺。此后，鉴真又前往天竺小住了一段时间，直到入夏才再次动身。在路过韶州时，普照与他拜别。离别之际，鉴真发誓不到日本不罢休。然而这个时候的鉴真因为舟车劳顿，加上水土不服，还遇上庸医误诊，导致双目失明。在越过大庾岭时，鉴真的大弟子祥彦于吉州坐化 [①]，这给了鉴真一个沉重的打击。此后，鉴真又途经庐山、润州等地再次回到扬州。至此，第五次东渡也没能成功。

跟跟跄跄终于成功东渡

因为鉴真几乎将半个中国都游历完了，所以他名声很大。公元753年，日本派遣藤原清河、吉备真备、晁衡等前往扬州，再次邀请鉴真东渡。那时唐玄宗李隆基信仰道教，多次想派道士前去日本，可日本却毫不犹豫地拒绝了。因此，李隆基故意禁止鉴真出海。

鉴真特地秘密坐船来到苏州黄泗浦，转搭了在环城遣唐使的

---

①坐化：修行有素的人，端坐安然而命终。

船只。十一月十六日，船队终于踏上了正式旅程；十一月二十一日，鉴真与晁衡所乘的船失散；到了十二月六日，仅剩的两艘船又有一艘触礁；直到十二月二十日，鉴真到达了日本萨摩，终于东渡成功。

鉴真也曾犹豫过

鉴真六次东渡方才成功之事，让人不由得感叹他的坚持。但是事实上，面对失败，鉴真也曾有过犹豫。从鉴真弟子留下的文献来看，东渡时鉴真至少曾经犹豫过一次，那便是在第五次东渡的时候。

那时候，鉴真等人被海风刮到了海南，而海南却是离印度比较近。于是鉴真开始怀疑自己的选择是否出现差错，他是否应该选择西去印度而非东到日本。不过，那时恰巧荣睿病逝，荣睿临终前托付鉴真一定要东渡到日本。鉴真为其诚意所感动，便坚定了东渡的信念。

五好模范——和政公主

　　和政公主是唐肃宗的第三个女儿，唐代宗李豫的胞妹。
人们记忆中的公主要么刁蛮任性，要么温顺守礼。总之，
大多如温室的花朵，经不起风吹雨打。不过和政公主却是
一位真正的巾帼英雄，她不求回报地为国付出，是个真正
的五好公主。

模范好公主

　　公元732年，和政公主才三岁，她的母亲吴氏便撒手人寰。
此后，和政公主便被韦妃收养。由于和政公主为人恭谦孝顺，所
以深受韦妃与父亲李亨的宠爱。

　　公元738年，李亨被册立为太子。然而当了太子的李亨过得
却并不舒坦，反而战战兢兢，生怕惹得皇上生气。公元746年，

218

韦妃之兄韦坚与边将皇甫惟明密谋拥太子登基被告发。李亨为了自保，抛弃韦妃，与其划清界限。随后韦妃削发出家，和政公主再次失去母亲的庇护。

李亨为了讨好父亲李隆基，便想尽办法与杨贵妃攀亲。先是让儿子李豫迎娶韩国夫人之女，后让郜国公主嫁给了虢国夫人之子裴徽，最后又把和政公主嫁给了秦国夫人的小叔子柳潭。如此一来，李亨与杨贵妃的三位姐姐都有了一定的亲戚关系。那时，秦国夫人权倾朝野，多少人都希望能与之攀上关系。而和政公主却反而与之保持距离，从未借助夫君的关系让秦国夫人为其谋取私利，实为难得。

公元755年，安史之乱爆发，和政公主与柳潭随李隆基逃至四川。逃难路上，和政公主与新寡的同父异母的姐姐宁国公主偶遇。宁国公主无马可骑，只能徒步逃难。和政公主在危机四伏的情况下，竟毅然决然地将自己的马让给了宁国公主，而自己和丈夫、孩子却每日都需要跑上百里路逃命。不仅如此，和政公主与夫君柳潭二人还担负起照顾宁国公主饮食的责任。在他们的悉心照料下，宁国公主的身体得到了很好的恢复。和政公主其心之善可见一斑。

公元756年，李亨于灵武登基，将父亲李隆基尊为太上皇，和政公主的地位也得到了质的飞跃。和政公主却并未因此改变本心。当时蜀州虽然相对安定，但还是有一部分人蠢蠢欲动，伺机造反。遭遇敌人时，和政公主丝毫不露恐惧之色，反而怒斥道："何必废话。"说罢，亲自拉弓准备杀敌。不过和政公主气力不足，并没能将弓拉开。柳潭见了赶忙接过弓，拉弓射箭，和政公主则帮夫君递箭。夫妻二人齐心射杀了五十多名敌人，等到援军赶来后，叛乱很快就被平息了。

为国鞠躬尽瘁

安史之乱平息后，国内正值百废待兴之际，和政公主凭借精明的头脑做起了买卖。她本身精明强干，再加上父亲当政，所以很快就日进斗金，累积了一大笔财富。可是这些财富她却并没有自己挥霍，而是捐赠了数千万给军队，以支持国家军用，后又花大笔钱帮父亲修建陵墓。她自己一家却过得十分简朴，就连儿女的衣裳都是由和政公主亲自裁缝的，所用的面料无一丝绸。

父亲李亨重病之时，和政公主鞍前马后侍奉于病床前。李亨对此十分感动，便打算下旨赏赐她一些田产。和政公主却以妹妹宝章公主未得到赏赐为由，将田产赠予妹妹。

公元762年，唐代宗李豫即位。身为哥哥的李豫心疼妹妹为国家散尽家财，便借几位节度使之手送给和政公主过亿资产。不过和政公主仍然不取分毫，将过亿资产悉数捐予国库。

和政公主之死

此后，和政公主又屡次向哥哥进言，力陈民间之苦，并为其多方分析朝政的利弊。李豫对她也十分信任，常与之探讨国家大事。

公元764年，吐蕃再次来袭。那时和政公主刚刚生产还未出月，正是体弱之时。闻知吐蕃来犯后，便急着想要进宫找哥哥商量应对方法。柳潭担心和政公主的身体，连忙阻止。和政公主却反问道："难道你没有兄弟吗？"言语之间坚持进宫与哥哥探讨对策，任柳潭如何劝说都无法阻拦。

进宫回来后不过几天，和政公主便病倒在床。御医、药石均无法挽回她渐渐流逝的性命。公元764年，和政公主不幸离世，年方三十六岁。和政公主之死让李豫痛心不已，在罢朝三天后，李豫特请书法家颜真卿为和政公主题写了墓志铭①。

---

①墓志铭：存放于墓中载有死者传记的石刻。

● 相关链接：

震撼灵魂的死亡

和政公主生前信仰佛教，因而她曾对夫君柳潭说："每个人命中注定会经历生死，差别只不过在于先后罢了。要是我比你早死，那么你一定要用僧衣收殓我的尸身，然后再把我埋在佛寺里。平时只要多怀念我的言行，那就算是对我的思念了。要是你比我早死，那么我必定会常常去为你扫墓。"

相传和政公主离世时，还出现了许多灵异之事：当她奄奄一息时，她的马凄鸣而绝；曾为她驾车的牛则跪地落泪，足足三日不肯进食。

唐代书法多名家

　　总体而言，唐朝的书法可分为初唐、盛唐和晚唐三个阶段，并形成了独特的唐朝特色。可以说，唐朝是继晋朝后中国书法的又一高峰，涌现出的书法名家至今都有着深远的影响力。

唐太宗也是书法家

　　唐初时，社会安定，经济发展迅速，书法得到了很好的发展。朝廷将书法列入国子监的六学之一，并设下书学博士一位，以书法遴选人才。广为人知的唐初四家——欧阳询、虞世南、褚遂良、薛稷四位书法名家便是初唐时期书法风格的代表。事实上，唐太宗李世民也是这个时期有名的书法家之一。

李世民极其重视文化教育，并且酷爱翰墨[1]。贞观年间，他曾下旨让京城里二十四位五品以上且爱好书法的子弟到弘文馆学习书法。

再观其本人的书法，他的书法爽利豪迈、浑然天成。虽然说是力学右军[2]，但是其间的豪迈之气却远远超过右军。此外，他还是第一个在碑上刻写行书的人。他的书法称得上是古今以来帝王书法之最，这一点从他流传于世的作品《温泉铭》《晋祠铭》《屏风帖》等便可窥得一二。

"颜筋柳骨"

到了盛唐时期，书法艺术又发生了新的改变，风格由初唐时的方正有力变得更加雄浑丰满，真草更是不再受王家书法的束缚，变得更具风格。涌现出一大批书法名家，其中颜真卿与柳公权的字更是被合称为"颜筋柳骨"。

颜真卿不仅擅长巧妙运用藏锋及中锋，而且十分留意行笔时的提按与顿挫。其书法的每一笔、每一画都极具弹性，因而被称为"颜筋"。在楷书结构上，颜真卿则将篆书、隶书的特点融会

---

①翰墨：指书法或绘画。
②右军：代指王羲之。

贯通于楷书中，使字的整体结构变得富有张力。除了楷书，颜真卿的行书也可圈可点。他的行书暗含金石之气与籀篆①之法，笔锋转折丰富而不显拘谨，整体看上去豪放有力，气势不凡。

其后的柳公权也毫不逊色。柳公权的书法清劲俊秀，挺拔浑厚。其书法极具个人特色，且顿挫分明，整体看上去精炼舒展，神气十足，因而被人称为"柳骨"。他十分擅长将长短、粗细、方圆等利用起来，使字形的整体看上去错落有致。其代表作《玄秘塔碑》《神策军碑》均有这一特点。其中，《玄秘塔碑》是公元843年时的作品。那时柳公权已经六十三岁了，可碑中的字体却依然舒展豪爽，并流露出秀朗之气。

当然，除了颜真卿与柳公权之外，盛唐时期的书法名家还有很多。如擅篆书的李阳冰，擅隶书的蔡有邻、李潮等人。

事实上，唐代的书法无论是在楷书还是在草书上均形成了开阔鼎盛的局面。到了晚唐时期，随着国力势弱，书法已不如初唐与盛唐那般蓬勃，但也涌现了诸如杜牧、高闲、裴休等书法名家。

---

①籀篆：籀，zhòu。籀篆，古代的一种书体，即大篆。

魏征评太宗书

据说当年唐太宗在练习书法时，总被虞世南字体中的"戈"字难倒，无论怎么写都很难写出其中的风韵。一次，他在练写"戬"字，担心写得不好会被大臣们笑话，便故意将戈字空掉，私下找虞世南补上。

后来，唐太宗为了展现自己在书法上的进步，便把自己的几幅作品交给魏征看，请魏征评价。他问魏征："你瞧朕写的字是不是很像虞世南的字？"哪知魏征看来看去却总是笑而不语。唐太宗焦急地向魏征追问评价，并许诺无论如何均恕他无罪。魏征才答道："依臣所见，也就'戬'字的'戈'与虞学士别无二致，其他的还相差甚远呢。"唐太宗闻言，一面佩服魏征的眼力，一面也愈加发奋练字。

甘露之变

自唐文宗的父亲唐穆宗起，皇帝便是由宦官拥立的。可以说，那时候手握唐朝大权的是宦官而非皇上。如此荒唐的事情竟然持续了十八年，到了公元835年，唐文宗终于醒悟，开始诛杀宦官。可是宦官势力强盛，他能成功吗？

形如傀儡的皇帝

唐穆宗李恒在位三年只顾享乐、玩耍，从不考虑政事。大唐朝政便长期沦落在宦官梁守谦、王守澄等人手中。后来，李恒因服用长生药而中毒身亡，皇位则由年仅十五岁的李湛继承，史称唐敬宗。可是李湛与父亲李恒一样不思进取，只顾享乐，朝政依旧握在宦臣手中。而李湛还有个特点——性情残暴。他稍有不满，便拿身边人出气，致使左右都对他心存怨恨。

一日，李湛"打夜狐"回宫后，心情大好，便和宦官刘克明、击球将军苏佐明等二十八人一同饮酒取乐。刘克明等人竟趁着李湛已有醉意，联手将李湛杀死。此后刘克明假传圣旨，将绛王李悟拥为新君，并开始铲除其他宦官的权力。这样的做法激怒了王守澄、杨承和、魏从简以及梁守谦四大宦官。为了能够与刘克明抗衡，四大宦官选择将李昂拥为新君。朝中以裴度为首的股肱元老也都支持李昂为新君，因而李昂便毫无悬念地继位登基，史称唐文宗。刘克明和苏佐明等人则被王守澄所派的禁军剿灭，绛王李悟也未能存活下来。

铲除宦官行动

李昂虽是由宦官拥立，但心里却恨透了宦官。因为他清楚地知道，王守澄正是杀害自己祖父的凶手，也清楚地知道自己无非是个傀儡。因此他虽表面宠信王守澄等宦官，但心中却盘算着如何将这些危害朝政的宦官铲除。为此，他特地重用宦官举荐的李训和郑注二人。因为，借助这两个人的能力来铲除宦官是最不容易引起疑心的。没多久，李训与郑注便分别得到了升迁的机会。李训任宰相，郑注则成为凤翔陇右节度使。

公元835年十一月的一天，李昂与往常一样在紫宸殿举行早朝。朝堂上，金吾将军韩约禀道："启禀皇上，左金吾院昨天夜里有甘露降落在石榴树上。"在古代，"夜降甘露"是有吉祥之意的。李训闻言带领百官向李昂贺喜，并请李昂前去观看。李昂表面上装作十分高兴的样子，便让李训等人先去观看一番。李训去了许久后，竟回来禀道："那些甘露似乎是假的，不应该向外界宣布此事。"李昂又让宦官仇士良与鱼志弘前去一看究竟。两人领命而去，这一去却误了大事。原来，仇士良等人在路途中竟发现了异样。他们先是看到带路的韩约神色慌张，后又见微风拂过帷幕，而帷幕后竟然露出些许兵甲。仇士良等人便猜到了事情的原委，赶忙回到殿内，并将李昂抬进了宣政门，然后又紧紧关闭大门。接着，仇上良率领五百名禁军假托上殿讨贼之名，大肆屠杀文武大臣们。宦官们还调兵在全城搜捕逃亡者，杀得长安城内尸横遍野。当时参与剿灭宦官计划的诸多大臣均被满门抄斩，牵连致死的达一千多人。史称"甘露之变"。

甘露之变后，宦官愈发无法无天，而唐文宗李昂则愈发像傀儡了。

打夜狐

当年唐敬宗在骊山行宫时，发现了一个有趣的游戏——打狐狸。那时的骊山行宫因为建成已久，但又多年没有人气，所以成了狐狸的窝点，唐敬宗的突然到来夺了狐狸们的容身之所。狐狸们自然不愿善罢甘休，便总是在夜里出来捣乱，并多次搅扰唐敬宗与妃子们的美梦。唐敬宗深受困扰，龙颜大怒，便让身边的太监前去灭杀那群捣乱的狐狸。因为是第一次见到狐狸，太监们一个个都束手束脚不敢上前。情急之下，唐敬宗拿起弓箭亲自射杀狐狸。他本身就擅弓箭，因而很快就杀死了十几只狐狸，以至于到后面都舍不得停手。因为他发现打狐狸实在有趣，比踢球、摔跤都好玩。

自从这次打狐狸后，唐敬宗就迷上了这个游戏，每天都要打上几只。几个太监为了讨好他，便主动到长安附近的山上寻找狐狸窝点供他玩乐。每到夜里，唐敬宗便带着太监们一同到事先侦察好的狐狸窝狩猎，并且每次都是满载而归。